ZUM GELEIT

Das vorliegende Buch umfaßt vier Teile. Als erster und Hauptteil des Bandes erwartet den Leser wie den Betrachter die in rhythmischer Prosa erzählte und von zahlreichen Illustrationen begleitete Titelerzählung. Die sprachliche Fassung der Dichtung und die farbigen Illustrationen – beides Erstveröffentlichungen – verdanken wir Johanna Unterbeck, einer im Jahre 1983 verstorbenen, so gut wie unbekannt gebliebenen Künstlerin von seltener Form- und Gestaltungskraft. Um den Kunstcharakter von Erzählgehalt, Sprache, Schrift und Illustrationen zu betonen oder vielmehr zu wahren, wurde in diesem Teil auf eine fortlaufende Paginierung verzichtet – obwohl der Gott der Zahlen, Kali, in der Geschichte eine beträchtliche Rolle spielt ...

Es folgt (S. 117 ff.) eine leicht lesbare, nicht illustrierte Fassung derselben Erzählung – für alle diejenigen, die sich mit mehr Eile als Weile erst mit der Geschichte als solcher bekannt machen oder sie zum flüssigen Vorlesen verwenden wollen. Im Anschluß an diese Fassung findet sich ein von der Künstlerin zusammengestelltes Verzeichnis von Namen und Erklärungen wichtiger Ausdrücke.

Ein dritter Teil (S. 163 ff.) bringt in deutschsprachiger Erstpublikation aphoristische Betrachtungen von W. J. Stein zum Abdruck. Sie beleuchten das altindische Liebesepos auf dem Hintergrund eines weitgespannten Ideenhorizontes und lenken die Aufmerksamkeit des spirituell interessierten Lesers insbesondere auf das Feuer- und Reinkarnationsmotiv der vorliegenden Erzählung.

Zum Schluß folgt ein Nachwort (S. 179 ff.) mit biographischen und technischen Angaben sowie zwei Danksagungen.

NALA

UND

DAMAYANTÎ

IN RHYTHMISCHE PROSA GEFASST
UND ILLUSTRIERT
VON
JOHANNA UNTERBECK

PERSEUS VERLAG BASEL

DIESE GESCHICHTE
ERZÄHLT DER WEISE VRIHADASVA
DEM EDLEN YUDISHTHIRA,
DEM VERBANNTEN KÖNIG DER
PANDAVAS;
IM MAHÂBHÂRATA, VANAPARVAN,
DEM 3. BUCH, DEM WALDBUCH.

VEREHRUNG DIR, O GANESHA, DU WEISER
UNTER DEN GÖTTERN! AUFRECHT
TRÄGST DU DES ILFEN HAUPT, DES
WEISEN UNTER DEN TIEREN. WIE
LEUCHTEN DEINE AUGEN HELL, WIE
GLÄNZET DEINES ZAHNES BEIN, DER
MONDENBARKE ZU VERGLEICHEN, VON
WOLKEN HALB VERDECKT. MIT TUPFEN,
GLÜCKVERHEISSEND, SIND BETROPFT
DIE FÄCHER DEINER OHREN, WEICH
SCHIMMERT DEINES RÜSSELS
LOTOSSPITZE UND TRUNKEN TAUMELN
SCHWARZE BIENEN UM DEINER
SCHLÄFEN HONIGSEIM ...
BEHÜTE, O GANESHA,
RINGSUMWANDELNDER SPROSS
MAHADEVAS, DES STIRNGEAUGTEN, DES
MONDGEKRÖNTEN, DIESES BUCH, WOHL
UNTER DEINEN SCHUTZ GESTELLT!

M

LAND NISHADHA HERRSCHTE NALA EINST, EIN FÜRST, BEKANNT IN ALLEN INDERREICHEN ALS MANN VON FLECKENLOSEM RUF. BEGABT MIT ALLEN TUGENDEN, WARD ER VON SEINEM VOLK GELIEBT, DENN ÄHNLICH DEN UNSTERBLICHEN, SO ÜBERSTRAHLTE ER SEIN LAND, GANZ WIE DIE SONNE STRAHLT IN HELLEM GLANZE. JUNG WAR ER, STARK UND SCHÖN, SO SCHÖN, ALS HÄTTE KAMADÊVA SELBER HIER GESTALTUNG ANGENOMMEN. GERECHT, EIN KENNER DER VIER VEDEN UND DER BRAHMANEN FREUND, WAR ER EIN

HELDENHAFTER FÜRST UND ACHTETE GEWISSENHAFT DIE REGELN SEINER KASTE. VOR ALLEN GABEN ABER WAR DEM EDLEN DIE ROSS- UND WAGENLENKEKUNDE WUNDERBAR VERLIEHEN: ER KONNTE ROSS UND WAGEN LASSEN JAGEN WOHL HUNDERT MEILEN AN EINEM TAG.

ES LEBTE ZU DERSELBEN ZEIT EIN KÖNIG IM VIDARBHALAND, UND DESSEN TOCHTER WAR SO SCHÖN WIE KEINE SONST IN EINEM REICH, UND DAMAYANTÎ WURDE SIE GENANNT, DES MÄCHT'GEN FÜRSTEN BHÎMA KIND. SCHÖNFARBEN UND VON SCHLANKEM WUCHS, TRUG ZWISCHEN IHREN BRAUEN SIE, UND ANGEBOREN, EIN SCHÖNES MAL. WIE VOLLMOND UNTER STERNEN GLÄNZT, SO LEUCHTETE SIE AUS DER MÄDCHENSCHAR, DIE SIE UMGAB - UND NICHT BEI MENSCHEN NOCH BEI GÖTTERN WARD EINE LIEBLICHERE JE GEFUNDEN.

DOCH WIE DIE SCHÖNE WAR MIT KEINER ZU VERGLEICHEN, SO WAR AUCH NALA OHNE EBENBILD. DIE HINGESTREUTEN WORTE HIER UND DA ERREICHTEN HIER DEN FÜRSTEN, DORT

DAS KÖNIGSKIND; SO WUCHS BEI IHNEN, DIE SICH NIE GESEHN, DIE SEHNSUCHT NACH EINANDER AUF, DENN IMMER HIESS ES, DASS KEIN SCHÖNRES PAAR SEI AUSZUDENKEN HIER AUF ERDEN ALS NALA UND DIE HOLDE KÖNIGSTOCHTER DAMAYANTÎ.

IN KÖNIG NALA ABER WUCHS DIE LIEBESSEHNSUCHT ÜBERMÄCHTIG AUF UND WARD SO GROSS, DASS ER DES HOFES TREIBEN MIED. IN EINEM STILLEN HAIN, DA WOHNTE ER FORTAN, DER SCHÖNEN DAMAYANTÎ STETS GEDENKEND. ALS EINES TAGES ER AN EINEM LOTOSTEICHE WEILTE, FIEL DORT EIN FLUG VON GOLDNEN GÄNSEN EIN. SIE SCHWAMMEN DICHT AM UFER HIN, UND EINE KAM SO NAH HERAN, DASS NALA SIE ZUM ZEITVERTREIB MIT DEM GEWAND BEDECKTE UND ERGRIFF. «O KÖNIG NALA», SPRACH DIE GOLDGANS DA UND SPRACH MIT MENSCHENLAUT, «O KÖNIG NALA, LASS MICH FREI! ICH WEISS, DASS DU AN DAMAYANTÎ DENKST, DIE SCHÖNE IM VIDARBHALAND, UND WAHR IST ES GEWISS: SIE IST DIE LIEBLICHSTE, DIE TUGENDHAFTESTE VON ALLEN. MIT DEN GEFÄHRTEN WILL

ich zu ihr ziehn, und preisen will ich dich, dass sie an keinen andern denken kann als nur an dich, o Manntiger. Beschlossen ist seit Ewigkeit, dass ihr einander seid bestimmt!»

Da liess der Fürst die Goldgans frei, und diese flog sogleich mit den Gefährten auch hinweg.

Und jener Zug von goldnen Gänsen flog eilig nach Vidarbhaland. Dort fiel er in das lichte Waldgefilde ein, wo Damayantî, Nalas denkend, weilte. Und die Gespielinnen, sie liefen all den goldnen Gänsen nach, zerstreuten sich, und Damayantî stand allein. Und jene Goldgans, die Fürst Nala angesprochen, liess sich von Damayantî mit dem Schleier fangen und sprach darauf:

«O holde Schöne, lass mich frei! Von Nala ward ich hergesandt, dem König von Nishadhaland. Er denket dein, schönfarbenes und schlankes Mädchen. Wo wir auch flogen in der Menschen Land und im Gebirge Himavant bei Göttern und

Gandharven, wir sahen keinen Mann wie ihn, dem Mensch gewordnen Kama ist er zu vergleichen. O wenn du dessen Gattin wärest, kein schön'res Paar ist auszudenken hier auf Erden.»
«So sprich denn so zu Nala auch», erwiderte die Schöne da dem goldnen Liebesboten.
Nachdem die Gänse fortgezogen, ward Damayantî ruhelos, zerstreut und blass, fand keinen Schlaf, verschmähte Speis und Trank und seufzte viel und weinte oft. Und die Gespielinnen besorgt, sie taten dies dem König kund.
Fürst Bhîma aber sprach bei sich: «Es ist erblüht, mein holdes Kind, zur schönsten Blume aller Inderreiche. Die Zeit ist reif, dass ich ihr eine Gattenwahl bereite.»
Er sandte seine Boten aus, zu laden Fürst und Königsohn: «Kommt, ihr edlen Helden, all zu Damayantîs Svayamvara! Wen sie erwählet unter euch, heimführen soll er sie, die Schöne!»

Da kamen denn herbeigeströmt
der Erde Herrscher nah und fern.
Mit Elefanten, Rossen, Wagen und
einem prunkenden Gefolge, mit
bunten Kränzen reich geschmückt
und strahlendem Geschmeide.
Fürst Bhîma, er empfing sie wohl,
die Erdeherrscher allesamt und
liess sie wohnen hochgeehrt als
Gäste im Vidarbhaland.

Es wandelten zur selben Zeit der
weise Rishi Nârada sowie der weise
Parnâda, die Hohen, die
grossgeistigen, busskräft'gen
Brahmasöhne, hinweg von dieser
Erdenwelt in Indras
Götterhimmel. Und es empfing
mit hohen Ehren Indra, der
Götter König, sie, die Trefflichen,
und fragte sie nach ihrer und der
Welt Befinden.
«O hoher Herr, o Maghavan, wir sind
wohlauf und ebenso die Fürsten
auf dem Erdenrund.»
«Wo aber sind die Helden all, die
hin im Kampf ihr Leben geben?
Schon lange warte ich auf Gäste!»

«VERNIMM VON MIR», SPRACH NÂRADA, «WARUM DIE FÜRSTEN SICH NICHT ZEIGEN: DES ERDEHERRSCHERS BHÎMA KIND, DIE SCHÖNE DAMAYANTÎ, HÄLT IN KÜRZE IHRE GATTENWAHL, UND DORTHIN ZIEHEN NUN DIE EDLEN, VERGESSEND KAMPF UND RUHM. VON ALLEN WIRD SIE HEISS BEGEHRT, SIE, WELCHE VON DEN STERBLICHEN DER ERDE RINGS DIE SCHÖNSTE IST UND PERLE DIESER WELT.»

ES HÖRTEN ABER DIES GESPRÄCH AUCH ANDRE LÔKAPÂLAS NOCH: AGNI ZUMAL UND VARUNA UND YAMA AUCH, DIE UNTER DEN UNSTERBLICHEN DIE BESTEN SIND. UND HEITER RIEFEN SIE DARAUF:

«WARUM GEHN WIR NICHT SELBER AUCH ZU DAMAYANTÎS GATTENWAHL? AUF, LASST UNS NACH VIDARBHA ZIEHN!»

UND ALSO ZOGEN JENE GÖTTER MIT WAGEN, TIEREN UND GEFOLGE AUS IHREN HOHEN HIMMELSHAINEN HINUNTER IN DER MENSCHEN LAND. AUCH NALA, ER FUHR FROHGEMUT MIT SCHNELLEN ROSSEN NACH VIDARBHA HIN, UND NAHE BEI KUNDINA SCHON, DA HOLTEN IHN DIE GÖTTER EIN UND

HIELTEN AN UND STAUNTEN SEHR, ALS
SIE IHN NUN ERBLICKTEN, IHN, DER DEM
KAMA ZU VERGLEICHEN. SIE STIEGEN
AUS DEM WOLKENRAUM, UND INDRA
FRAGTE DEN NISHADHER:

«SAG UNS, O NALA PUNYASLOKA, SAG,
WILLST DU UNSER BOTE SEIN?»

«ICH WILL ES TUN, IHR LEUCHTENDEN,
SAGT, WER IHR SEID UND WAS IHR
WOLLT.» UND NALA NEIGTE SICH IN
EHRFURCHT VOR DEN GLÄNZENDEN
GESTALTEN.

«SO WISSE DENN», SPRACH INDRA DA,
«DASS ICH DER GÖTTER KÖNIG BIN, UND
DIE GEFÄHRTEN DORT MIT MIR SIND
AGNI, YAMA, VARUNA. WIR KOMMEN INS
VIDARBHALAND ZU DAMAYANTÎS
GATTENWAHL, UND DU SOLLST UNSER
BOTE SEIN. GEH HIN UND SAGE IHR, DER
SCHÖNEN, SIE MÖGE VON UNS
LÔKAPÂLAS SICH EINEN ZUM GEMAHL
ERWÄHLEN!»

«IHR GÖTTER!» RIEF FÜRST NALA AUS.
«ICH KOMME SELBER UM DIE SCHÖNE,
ERLASST MIR DIESEN BOTENGANG!»

«DU HAST GESAGT: ‹ICH WILL ES TUN!›
HÄLT EIN KSHATRIYA SO SEIN WORT?»

«DAS TOR, ES WIRD VERSCHLOSSEN SEIN,

und scharf bewacht ist der Palast!»
«Du wirst hineingehn ungesehen, weil es so unser Wille ist!»
Da sagte denn Fürst Nala zu und drang, von niemandem erblickt, in Damayantîs Räume ein.
Sie sass inmitten der Gespielen, und alle waren sehr erstaunt, als sie in seiner Kraft und Schönheit ihn erblickten, ihn, der dem Kama zu vergleichen; und wie geblendet starrten sie auf die Erscheinung.
Und Damayantî sprach mit holder Stimme:
«Wer bist du, tadellos Gestalteter, der du erschienen hier wie einer der Unsterblichen? Bist ein Gandharva du, bist du ein Gott? Wie kamst du hier ins Frauenhaus? Gar streng bewacht ist der Palast!»
«So wisse denn, du holde Schöne, Fürst Nala bin ich von Nishadherland. Als Götterbote bin ich hergesandt. Die Weltenhüter selber, sie wünschen zur Gemahlin dich! Es bitten hier um deine Gunst durch mich der Götter König Indra

SELBST, AUCH AGNI, DER DES FEUERS
HERR, VARUNA UND DES TODES GOTT.
SIE HAT DEIN LIEBREIZ ANGEZOGEN! SO,
DURCH DER GÖTTER MACHT
GESCHÜTZT, BETRAT ICH DEN PALAST.»
DOCH DAMAYANTÎ, ERST DIE GÖTTER
PREISEND, SPRACH ZU DEM LANGE
SCHON ERSEHNTEN:
«WIE KANN ICH VON DEN GÖTTERN
EINEN MIR ERWÄHLEN, NACHDEM, O
NALA, ICH DEIN ANGESICHT ERBLICKTE?
HAST DU VERGESSEN, WAS DIE
GOLDGANS SPRACH? O ALLES, WAS DU
WILLST, ICH KÖNNT' ES DIR NICHT
WEHREN, UND ALLES, WAS ICH BIN UND
HAB', IST DEIN! UM DICH ALLEIN HAT
MAN DIE FÜRSTEN HIER GELADEN, UM
DICH ZU WÄHLEN, BIST DU LANGE SCHON
ERWARTET; DOCH WENN DU MICH
VERSCHMÄHST, NUN, DA ICH MEINE
LIEBE DIR GESTANDEN, SO WILL ICH
LÄNGER NICHT MEHR LEBEN, DENN ICH
VERMAG NICHT ZU ERTRAGEN, DASS
MEINE LIEBE ICH UMSONST GESAGT!»
«O DAMAYANTÎ, SCHÖNE SCHÖNSTE, ZU
DIESEM BOTENGANGE HAB' DEN
GÖTTERN ICH MEIN WORT GEGEBEN
UND DARF NICHT MEINE PFLICHT

VERLETZEN, INDEM ICH FÜR MICH SELBER WERBE. O DAMAYANTÎ, HÖR AUF MEINEN RAT! WILLST DU, WO SELBST UNSTERBLICHE DICH HIER BEGEHREN, DEN MANN ERWÄHLEN, DER EINST STERBEN MUSS? DEM STAUBE IHRER FÜSSE BIN ICH NICHT GLEICHZUSETZEN. WIE DÜRFT' ICH DEN UNSTERBLICHEN ZUWIDERHANDELN? MEIN TOD WÄR' ES GEWISS! WELCH STERBLICHE ERWÄHLTE INDRA ZUM GEMAHLE NICHT, DER DÂNAVA, DER DÂITYA SCHRECK, IHN, DEN DIE GÖTTER KÖNIG NENNEN, IHN BALAVRITRAHAN, DES TAGES HERRN - WELCH STERBLICHE ERWÄHLTE AGNI NICHT, DER FEUER IST UND FEUERS MACHT? IHN, HUTÂSANA, DER DIE OPFER ZEHRT, DER DIESE ERDE EINST AM ENDE ALLER TAGE WIRD VERSCHLINGEN, SAG, WELCHE STERBLICHE ERWÄHLTE IHN NICHT ZUM GEMAHL? - GEDENKE DES VARUNA AUCH, HERR SEINER SELBST UND HERR DER WELT UND HERR DER BEIDEN OZEANE. ZU SEINER WAHRHEIT FLIESSEN ALLE STRÖME HIN. MIT EWIG FRISCHEN BLÜTEN WIRD ER DICH BEKRÄNZEN - AUCH YAMAS DENKE, DES GERECHTEN,

DES BÄNDIGERS DER ERDENWESEN,
VOR DEM SICH ALLES, WAS DA LEBT,
EINST BEUGEN MUSS, WELCH
STERBLICHE ERWÄHLTE IHN NICHT ZUM
GEMAHL!»
«DIE GÖTTER PREIS' ICH ALLE HOCH UND
BETE SIE MIT EHRFURCHT AN; JEDOCH
ZUM GATTEN WÄHL' ICH DICH, WIE ICH
BESCHLOSSEN HABE. DRUM KEHRE ZU
DEN HOHEN NUR ZURÜCK UND SPRICH,
SIE MÖGEN KOMMEN ZU DER
GATTENWAHL, WIE DU, UND WÄHLEN
WILL ICH DANN, SO WIE ES SITTE IST
UND BRAUCH, UND NICHT VERLETZT IST
DEINE BOTENPFLICHT – UND WÄHLEN
WILL ICH, O MEIN TIGERSTARKER FÜRST,
DICH IN DER WELTENHÜTER
GEGENWART!»
SO KEHRTE NALA ZU DEN GÖTTERN
DENN ZURÜCK, UND TREULICH RICHTETE
DIE BOTSCHAFT ER VON DAMAYANTÎ
AUS.

AN EINEM TAG, ZU EINER STUNDE, DA
GLÜCKLICH DIE PLANETEN STANDEN,
LUD BHÎMA SEINE GÄSTE EIN ZU
DAMAYANTÎS GATTENWAHL. DURCH EINE
EHRENPFORTE ZOGEN SIE IN EINE

GOLDNE SÄULENHALLE WIE LÖWEN, DIE DURCH EINE BERGSCHLUCHT ZIEHN. MIT BLÜTENKRÄNZEN REICH GESCHMÜCKT UND EDLEN STEINEN, FUNKELNDEM GESCHMEIDE, SO LIESSEN SIE SICH NIEDER IN DER HALLE AUF DEN FÜR SIE BEREITEN SITZEN. DA KONNTE MAN SIE ALL ERSCHAUEN, DIE STATTLICHEN, DIE ERDENHERRSCHER, GAR SCHÖN VON ANTLITZ UND GESTALT, VON REICHEM LOCKENHAAR UMFLOSSEN, UND STARKEN ARMEN, DIE FÜNFHAUPTGEN SCHLANGEN GLICHEN. SO WOGTE ES DORT IN DER HALLE VON TIGERFÜRSTEN AUF UND AB, WIE IN BHÔGAVATI ES WOGET VON DER NAGA VOLK.

WOHLGEFÄLLIG STRAHLTEN DIE ERDEBEHERRSCHENDEN FÜRSTEN WIE DIE GESTIRNE DES HIMMELS.

ALS DAMAYANTÎ NUN DEN SAAL BETRAT, DA BLIEBEN ALLE BLICKE RUHN AUF IHR WIE FESTGEBANNT. DER HEROLD, ER VERKÜNDETE DIE KÖNIGLICHEN NAMEN; DOCH ALS DER SCHÖNEN WARD FÜRST NALA VORGESTELLT, DA SAH SIE IN DER ERDEHERREN SCHAR WOHL FÜNF GESTALTEN STEHN, DIE NALA GLICHEN

AUF EIN HAAR. VERWIRRT, ERSCHRECKT,
ERKANNTE SIE DER GÖTTER LIST UND
SAH NICHT, WER DER RECHTE SEI, UND
SPRACH BEI SICH:
«DIE ALTBEKANNTEN GÖTTERZEICHEN,
WIE SIE UNS ÜBERLIEFERT SIND, ICH
KANN SIE NICHT ENTDECKEN!» UND
IMMER WIEDER PRÜFTE SIE VON
ALLEN SEITEN DIE GESTALTEN, DOCH
WEN AUCH IHRE BLICKE TRAFEN, STETS
SCHIEN FÜRST NALA ES ZU SEIN.
DA NAHM SIE ZU DEN GÖTTERN
SELBST NUN IHRE ZUFLUCHT IM GEBET,
UND ZITTERND, IHRE HÄNDE FALTEND,
SPRACH SIE DIE WELTENHÜTER AN:
«SO WAHR VON MIR FÜRST NALA WARD
ERKOREN, DA ICH DER GOLDGANS REDE
HATT' VERNOMMEN, BEI DIESER
WAHRHEIT MÖGEN IHN DIE GÖTTER
MIR AUCH ZEIGEN! SO WAHR ER VON
DEN GÖTTERN MIR ZUM GATTEN IST
BESTIMMT, DER HERRSCHER VON
NISHADHALAND, BEI DIESER WAHRHEIT
MÜSSEN IHN DIE GÖTTER MIR AUCH
ZEIGEN UND OFFENBAREN IHRE EIGENE
GESTALT, DIE HOHEN WELTENHÜTER,
DASS ICH ERKENNE NALA PUNYASLOKA,
IHN, DEN FÜRSTEN ALLER MÄNNER,

DEN GATTEN, MEINEN HERRN!»
ALS NUN DIE GÖTTER IHRE LIEBE SAHEN,
IHR REINES HERZ UND IHREN GLAUBEN
AN DER WAHRHEIT MACHT, DA TATEN
SIE SO WIE GEBETEN UND LEGTEN IHRE
ZEICHEN AN, DIE HIMMLISCHEN, DIE
HOHEN WELTENHÜTER. SO SCHAUTE
DAMAYANTÎ SIE: IN ÜBERIRDISCH REINEM
GLANZ, BERÜHREND NICHT DEN
ERDENGRUND UND SCHATTENLOS UND
STAUBLOS, AUCH MIT IMMERFRISCHEN
KRÄNZEN. DOCH DEN ERWÄHLTEN SAH
SIE NUN FEST AUF DER ERDE STEHN,
MIT EINEM SCHATTEN ZUGESELLT UND
ERDENSTAUB AUF DEM GEWAND UND
LEICHT GEWELKTEM KRANZE.
DA NEIGTE SIE SICH ZU IHM HIN,
BERÜHREND DES GEWANDES SAUM UND
LEGTE EINEN BLÜTENKRANZ UM
SEINEN HALS UND WÄHLTE SO IHN ZUM
GEMAHL.
DIE FÜRSTEN ABER RIEFEN HEIL UND
SEGEN AUF DAS PAAR HERAB UND
LOBTEN DAMAYANTÎS WAHL UND
PRIESEN NALAS GLÜCK.
UND NALA SPRACH ZU DAMAYANTÎ TIEF
BEWEGT:
«ICH GRÜSSE DICH ALS DEIN GEMAHL!

WIE HOCH HAST DU, O HOLDE, HIER DEN STERBLICHEN IN GÖTTERGEGENWART GEEHRT! ERGEBEN WILL ICH DEINEM WORTE SEIN, UND EHREN WILL ICH DICH, NIE WILL ICH VON DIR WEICHEN, SOLANG ICH LEBEN HABE!»

UND BEIDE NEIGTEN VOR DEN GÖTTERN SICH. DIE GÖTTER ABER, WOHLGESINNT, ACHT GABEN SCHENKTEN NALA SIE: DER GÖTTER KÖNIG MACHTE IHM SEIN AUGE HELL, DASS ER DIE GOTTHEIT SELBST BEIM OPFER GEGENWÄRTIG SÄHE, UND GAB IHM UNVERGLEICHLICH KÖNIGLICHEN GANG, KEIN HINDERNIS SOLLT' IHN BEDRÜCKEN – UND AGNI GAB IHM FEUERMACHT, DEM WUNSCHE NACH, UND FEUERRÄUME SCHADLOS ZU BETRETEN – VARUNA SCHENKTE IHM DES WASSERS GEGENWART, WO IMMER ER ES WÜNSCHE, UND KRÄNZE, DUFTEND UND MIT EWIG FRISCHEN BLÜTEN, DEN HOHEN GÖTTERN GLEICH, ZU TRAGEN – UND YAMA GAB DIE KRAFT, AN DER GERECHTIGKEIT, DER FÜRSTEN EDLE ZIER, TREU FESTZUHALTEN, DAZU DIE GABE, SPEISE UNVERGLEICHLICH KÖSTLICH ZU

BEREITEN.
ZUSAMMEN SCHENKTEN SIE EIN KINDERPAAR.
VOM HIMMEL FIEL EIN BLÜTENREGEN.
DIE GÖTTER ABER GINGEN FORT, NACHDEM DIE GABEN SIE GESPENDET; UND AUCH DIE FÜRSTEN KEHRTEN HEIM UND ZOGEN IHRES WEGES HIN, AUF WELCHEM SIE GEKOMMEN.
UND KÖNIG BHÎMA LIESS DIE HOCHZEIT RÜSTEN UND VERMÄHLEN NALA PUNYASLOKA, DES VIRASENA STARKEN SOHN, MIT DAMAYANTÎ, DIE DER LOTOSBLÜTE GLEICH, DER SCHÖNSTEN DIESER WELT.
ALS NALA EINE ZEIT AN KÖNIG BHÎMAS HOF GEWEILT, ZOG ER MIT SEINER GATTIN HEIM. UND IN NISHADHA LEBTEN SIE VEREINT UND FREUDEVOLL, WIE INDRA LEBT MIT SACI, SEINER GATTIN.
IN SCHÖNEN WÄLDERN, BLÜTENREICHEN HAINEN, SO WANDELTE NALA DER FÜRST, WIE EINER DER UNSTERBLICHEN, MIT DAMAYANTÎ, SEINER HERRLICHEN GEMAHLIN. MIT DAMAYANTÎ, DER LOTOSÄUGIGEN, ZEUGTE NALA INDRASÊNA, DEN SOHN, UND INDRASÊNÂ, DIE TOCHTER.

GELIEBT VON SEINEM VOLKE, SO
HERRSCHTE ER DEM RECHTE NACH
UND GLÄNZEND WIE DIE SONNE SELBST
UND ENDETE WIE YAYATI, NAHUSHAS
SPROSS, DAS HEILIGGROSSE ROSSEOPFER,
UND OPFERTE DER ANDERN OPFER
VIELE.
ALSO HERRSCHTE NALA DER FÜRST
ÜBER DIE FÜRSTEN DER WELT UND
ÜBER DIE SCHÄTZETRAGENDE ERDE.

ALS ABER NUN DIE WELTENHÜTER
NACH DAMAYANTÎS GATTENWAHL
HEIMKEHRTEN IN DEN
GÖTTERHIMMEL, BEGEGNETEN SIE
ZWEI DÄMONEN: KALI, DEM FINSTERN
WÜRFELGEISTE, DER IN BEGLEITUNG
VON DVÂPARA NACH VIDARBHA ZOG. DIE
GÖTTER HIELTEN IHRE TIERE AN, UND
INDRA FRAGTE SIE:
«SAGT, WOHIN REISET IHR DÄMONEN?»
«WIR ZIEHEN NACH VIDARBHALAND ZU
DAMAYANTÎS GATTENWAHL»; SO SPACH
KALI, DER BÖSE GEIST, «MEIN HERZ
VERLOR ICH AN DIE SCHÖNE!»
DA LACHTE INDRA LAUT UND SPRACH:
«DIE GATTENWAHL IST LANGE SCHON
VOLLBRACHT! SOEBEN KOMMEN WIR

VON DORT. VOR UNSREN AUGEN UND MIT UNSERM WILLEN HAT SIE, DIE SCHÖNSTE DIESER WELT, DEN FÜRSTEN NALA SICH ERKOREN, DES VIRASENA STARKEN SOHN, DEN HERRSCHER VON NISHADHA!»

DA FLUCHTE KALI, DER DÄMON, MIT BOSHEIT ANGEFÜLLT UND WUT, DER SCHÖNEN DAMAYANTÎ UND IHREM HERRLICHEN GEMAHL:

«SO MÖGE SIE, DIE DIE UNSTERBLICHEN VERSCHMÄHT, DA SIE VOR IHNEN SICH DEN STERBLICHEN ERKOR, AUCH SO DEN SCHWÄCHEN JENES STERBLICHEN VOLL AUSGELIEFERT SEIN UND SCHWERE LEIDEN NOCH ERTRAGEN! DEN NALA ABER WILL VON SEINEM THRON ICH STÜRZEN! NICHT SOLL ER SICH AN SEINER GATTIN FREUN! ICH WILL NICHT RUHN, BIS ER IM ELEND IST!»

«O KALI, HÜTE DICH, DEN EDLEN NALA ZU VERFLUCHEN UND DAMAYANTÎ, DIE DER LOTOSBLÜTE GLEICHT! WELCH STERBLICHE ERWÄHLTE NALA NICHT, DEN MÄNNERFÜRSTEN, DER UNTADLIG IST, DEN KENNER DER VIER VEDEN! AN SEINEM OPFER HABEN STETS WIR UNS GESÄTTIGT UND ERQUICKT. MIT ALLEN

TUGENDEN IST ER BEGABT. WELCH WEIB ERWÄHLTE IHN, DEN TIGERSTARKEN, ZUM GEMAHLE NICHT! O KALI, WER DEM NALA FLUCHT UND SEINER LIEBLICHEN GEMAHLIN, DEM WIRD SEIN FLUCH SICH WIDERKEHREN UND IHN AM ENDE SELBER NOCH VERDERBEN! HÖR, KALI, AUF MEIN WORT!»

DOCH KALI, ER MISSACHTETE DES HOHEN INDRA REDE UND SPRACH, NACHDEM DIE GÖTTER FORTGEZOGEN: «VERNIMM, O DVÂPARA, WAS ICH DIR SAGE: LASS NACH NISHADHA UNS JETZT ZIEHN, UND WOHNEN WILL ICH DORT, BIS ICH DEN AUGENBLICK ERSPÄHT, DA ICH DAS KÖNIGSPAAR VERDERBE; DU ABER FAHR IN PUSHKARAS, DES NALA BRUDER, WÜRFELSPIEL UND HILF, DASS ICH MEIN WERK VOLLBRINGE!»

SO HAUSTE KALI LANGE ZEIT, SEIN WESEN TREIBEND, LAUERND IM NISHADHALAND, UND ENDLICH FAND IM ZWÖLFTEN JAHR ER DIE GELEGENHEIT: ALS NALA ABENDS SCHLAFEN GING, VOLLZOG ER NICHT GEWISSENHAFT DER WASCHUNG UND GEBETE PFLICHT; DER BÖSE GEIST GEWANN DIE MACHT

UND NAHM VON IHM BESITZ. IN SEINER BRUST, DA WOHNTE ER FORTAN, UND NALAS EDLER TUGENDSINN BEGANN SICH ZU VERDÜSTERN.

PUSHKARA ABER, DER BISLANG ZUFRIEDEN IN DER STADT GELEBT, DIE IHM SEIN BRUDER ZUGEWIESEN, IHN SUCHTE KALI HEIM IM TRAUM UND SPRACH MIT BÖSEM FLÜSTERN:

«EILE, O PUSHKARA, EILE UND VERGISS DIE WÜRFEL NICHT! ZIEH ZU NALA SCHNELL UND SPIELE! SPIEL' UM GOLD UND GUT UND SCHÄTZE, RIND UND ROSS UND ELEFANT, UM SKLAVINNEN, DEN KÖNIGSTHRON; SPIEL' MIT IHM UM DAS REICH! WARUM SOLLST DU NICHT HERRSCHEN DORT, PUSHKARA, AN DES NALA STATT? AUF, UND VERGISS DIE WÜRFEL NICHT!»

PUSHKARA ZOG ZU NALA NUN UND RIEF IHN AUF ZUM WÜRFELSPIEL. UND NALA, UNTER KALIS ZWANG, VERSPIELTE ZÜGELLOS SEIN GUT. NICHTS HIELT IHN AB VON SEINEM TUN; DIE BITTEN SEINER GATTIN NICHT, DIE BITTEN SEINER FREUNDE NICHT UND NICHT DIE BITTEN SEINER TRAUERVOLLEN UNTERTANEN.

«Es ist nicht unser König mehr!» So klagten sie zutiefst verstört und mieden seine Gegenwart.
Jedoch das Spiel ging fort und fort und währte viele Monde lang, und Damayantî, voller Grauen, sie hörte jene Würfel rollen, die Spiel um Spiel, tagein, tagaus, das Glück von ihrem Gatten wandten. Vergeblich mühten sich die Edlen, die Räte und der Freunde Schar, den Fürsten von dem Wahn zu lösen und seinem hemmungslosen Tun; jedoch umsonst - er wandte nicht das Angesicht, und schwer betrübt verliessen jene den Palast. Und noch ein zweites Mal versuchten sie auf Damayantîs Bitten dem Spielbesessenen zu nahen. Er achtete auch diesmal nicht des Grusses noch der Rede, und Damayantî, tief beschämt, zog sich ins Frauenhaus zurück.
Als gramerfüllt sie so erkannt des Gatten unheilbaren Wahn, befürchtend seines Reichs Verlust, da sandte Vrihatsênâ sie, die treue Amme, aus, Vârshnêya, ihres

GATTEN WAGENLENKER, HERZUFÜHREN, UND SPRACH ZU IHM, ALS EILIG ER GENAHT:

«DES KÖNIGS GUNST, VÂRSHNÊYA, HAST DU STETS BESESSEN; SO HILF IHM DENN IN DIESER NOT! ICH SEH', DASS ER NICHT BEI SICH IST, ER WEISS NICHT, WAS ER TUT - GROSS UNHEIL, FÜRCHT' ICH, BRINGT ER ÜBER UNS UND VOLK UND LAND. NOCH IST DAS LEIBGESPANN SEIN EIGEN, UND AUCH DER WAGEN IST NOCH SEIN! GEH, SPANNE, EHE SIE VERTAN, DIE ROSSE AN DEN WAGEN AN UND FÜHRE MIR DIE KINDER FORT ZUM HOFE MEINER ELTERN HIN, DORT WOHNE, WENN DU MAGST, DOCH MAGST DU'S NICHT, SO ZIEH, WOHIN DU WILLST, NUR RETTE MIR DAS KINDERPAAR!»

NACHDEM DIE RÄTE DEM BESCHLUSSE ZUGESTIMMT, VERLIESS VÂRSHNÊYA EILIG DEN PALAST.

BETRAUERND SEINES FÜRSTEN LOS, BRACHT' ER DIE KINDER NACH KUNDINA HIN; DOCH BLIEB ER NICHT AN BHÎMAS HOF, ER ZOG ZU DEN KOSALERN, VERDINGTE IN AYÔDHYÂ SICH AN KÖNIG RITUPARNAS HOF ALS DESSEN ROSSELENKER.

NACHDEM VÂRSHNÊYA FORTGEZOGEN, VERLOR FÜRST NALA GANZ SEIN REICH UND ALLE SEINE SCHÄTZE.
PUSHKARA ABER LACHTE BÖS UND RIEF: «DAS SPIEL MAG WEITERGEHN! WAS SETZEST DU, FÜRST OHNE LAND? NUR DAMAYANTÎ IST NOCH DEIN; UM SIE GEH JETZT DAS SPIEL!»
DA WARD DES NALA HERZ ZERRISSEN IN SCHMERZ, UND ER ERWIDERTE KEIN WORT. STUMM WARF ER ALLEN SEINEN SCHMUCK DEM BRUDER VOR DIE FÜSSE HIN. MIT EINEM TUCHE NUR BEKLEIDET, VERLIESS ER DEN PALAST, DEM UNERMESSNEN REICHTUM NUN DEN RÜCKEN KEHREND. UND DAMAYANTÎ, ANGETAN MIT EINEM SARI NUR, SIE FOLGTE IHM VOLL TRAUER.
PUSHKARA ABER LIESS VERKÜNDEN: «WER NALA AUFNIMMT UND SEIN WEIB, DER SOLL DEN TOD ERLEIDEN!» OB DIESER REDE FAND DAS EDLE PAAR NICHT SCHUTZ NOCH HILFE IN DER STADT. SO ZOGEN SIE AM DRITTEN TAG DURCH WÄLDER UND DURCH DSCHUNGEL FORT UND NÄHRTEN SICH VON WASSER NUR, VON WURZELN UND VON BEEREN UND HUNGERTEN GAR

manchen Tag.
Doch einmal sahen sie ein goldgeflügelt Vogelpaar auf einem Aste sitzen. Und Nala, er warf sein Gewand, die Vögel zu erbeuten. Die Vögel aber flogen hoch und rissen mit sich das Gewand. Mit Menschenstimmen kreischten sie zum Nackten voller Hohn herab:
«Die Würfel sind wir, o du Tor und König ohne Land! Wir sind dir nachgeflogen, zu holen das Gewand, das du zu Unrecht uns entzogen!»
Da klagte König Nala laut:
«O Damayantî, meine Holde, das Unheil sucht mich heim! Sieh, Vögel sind geworden nun, durch die ich hab' das Reich verloren, um deretwillen du nun hungern musst. Die Würfel nahmen mein Gewand! Wie elend ist, die ich beschützen wollt', verloren hab' ich den Verstand! Ach, Unglück ist, wohin ich gehe nur und ist es auch für dich, und darum merke wohl auf das, was ich jetzt sage: viel

Wege führen hin nach Dakshinâpatha, wohl über das Gebirg der Bären, Rikshavant, ins südliche Kosala, vorüber auch an Ujjayinî und durch die hohen Vindhyaberge, hinab zum heil'gen Tâpiflusse. Er strömet dort im Süden, die Ufer reich an Wurzeln und an Früchten, belebt von heiligen Brahmanen. Doch dieser Weg dort führt dich ins Vidarbhaland, wo noch dein Vater Bhîma herrschet, hochgeehrt, der Mächtige.»

Und weiterwandernd zeigte Nala Damayantî, und immer wieder, alle Wege ins Vidarbhareich.

Doch Damayantî sprach mit tränenschwerer Stimme:

«Wie weisest du, mein Fürst, mir noch und noch die Pfade nach Vidarbha hin. Wie könnt' ich dich verlassen, des Reichs beraubt, von Hunger matt, gewandlos, sonnenbrandgequält! Sieh, lindern will ich dir dein Leid in diesem grauenvollen Wald!»

«Wahr ist's, kein Freund gleicht in

Der Not wohl einer treuen Gattin. Trost bist du Holde mir im Leid, nie will ich dich verlassen!»

«Dein Wille ist es sicher nicht, dass du mich hier verlassen willst. Wie leicht mag aber es geschehn, dass wiederum dich Wahn befällt, und du verlässt mich doch! Lass uns, o Fürst, zusammen nach Vidarbha ziehen. Dort unter meines Vaters Bhîma Schutz, da würden wir in Frieden wohnen.»

«Ich kann und will dorthin nicht gehn. Wie machtvoll, hochgeehrt, wie freudevoll bin ich mit dir von dort gegangen und soll vor deinen Vater treten und sagen: ‹Sieh, o edler Fürst, die Tochter hier im Leid ... der Gatte hat sein Reich verspielt› - nein, lieber will ich in den Wäldern hausen!»

So zogen beide hier und da und nährten sich gar kümmerlich. Und eines Tages fanden sie im tiefen Tigerschlangenwald verlassen eine Hütte. Dort liessen sie sich nieder, zu rasten und zu ruhn. Und Damayantî, schwer erschöpft, sie

FIEL IN EINEN TIEFEN SCHLAF. DOCH NALA – ER FAND KEINE RUHE. MIT KUMMERSCHWEREM HERZEN LAG ER UND GRÜBELTE. OB SEINES REICHSVERLUSTES – DES BRUDERS SCHÄNDLICHEM VERRAT – ERWOG ER DIES UND DAS: WAS IST ZU TUN, WAS NICHT ZU TUN, IST STERBEN BESSER ODER LEBEN? VERZICHT' AUF UMGANG MIT DEN MENSCHEN ICH? VIELLEICHT IST OHNE MEINES UNGLÜCKS GEGENWART DER GATTIN LOS EIN BESS'RES BALD, WER KANN DER TUGENDHAFTEN SCHADEN? – UND IMMER WIEDER KAM IHM DER GEDANKE, UND IMMER FESTER WURDE SEIN ENTSCHLUSS, VON DAMAYANTÎ SICH ZU TRENNEN. UND ER ERHOB SICH SACHT UND SCHLICH UMHER UND FAND IM GRASE DRAUSSEN BEI DER HÜTTE EIN ALTES, SCHEIDELOSES SCHWERT. DAMIT SCHNITT ER DIE HÄLFTE SICH VON DAMAYANTÎS SARI AB UND EILTE RASCH HINWEG. DES KALI ZWANG TRIEB IHN ZU SOLCHEM TUN. JEDOCH SEIN HERZ ZOG IHN ZURÜCK, UND WEINEND SAH AUF DAMAYANTÎ ER HINAB: «ACH, WIE WIRD DER HOLDEN SEIN,

wenn sie erwacht im wilden wald
und ist allein, verlassen von dem
gatten! Nie hat wind und
sonnenglut meine geliebte
berührt. Nun liegt sie da in halbem
kleid auf harter erde, hungernd
und erschöpft. O mögen dich die
götter all beschützen, du
tugendhafte, reine frau, die
Rudras und die Vasavas und die
Adityas allzumal!»
So eilte Nala denn hinweg,
verblendet durch des Kali macht,
und kehrte mehrmals noch zurück,
jedoch der böse würfelgeist
behielt die oberhand.

Als Damayantî, aufgewacht, nun
ihren gatten nicht mehr sah, da
sprang sie hoch, entdeckend das
zerschnittene gewand, lief um die
hütte hier und da und rief mit
lautem jammerton:
«O mein gemahl! Wo bist du, fürst! O
mein gebieter, mein beschützer,
warum verlässest du mich hier in
diesem schauervollen wald! Gewiss
treibst du nur scherz – so zeig dich

DOCH! ICH SEH' DICH NICHT! WIE KANN ES SEIN, DASS DU DEIN SCHLUMMERND WEIB VERLÄSST! IN GÖTTERGEGENWART VERSPRACHEST DU: NIE WILL ICH VON DIR WEICHEN! O TREIBE WEITER NICHT DEN SCHERZ, O MEIN GELIEBTER, ZEIG DICH MIR!»

DOCH DAMAYANTÎS KLAGEN ALLE VERHALLTEN UNGEHÖRT IM WILDEN WALD. DA LIEF SIE BLINDLINGS, SCHRECKVERSTÖRT UND RUFEND, WEINEND, IMMER WEITER, IMMER TIEFER IN DEN GRAUENVOLLEN WALD; DOCH IHREN GATTEN FAND SIE NICHT. «O HERR DER KÖNIGE», SO KLAGTE SIE, «ICH WEINE NICHT UM MICH. UM DICH NUR WEINE ICH. WER WIRD DICH TRÖSTEN NUN IN DEINEM LEID, IN DEINER JAMMERLAGE? DENN NICHT DURCH DICH KAM SOLCH VERHÄNGNIS ÜBER UNS, DU EDLER, GUTER MANN. DRUM, WELCHES WESEN DIR SOLCH FURCHTBARE VERWÜNSCHUNG ANGETAN, DASS DU, MEIN FÜRST, VON SOLCHEM LEIDE WIRST GEQUÄLT, DEM WESEN MÖGE TAUSENDMAL MEHR LEID NOCH WERDEN ALS JETZT UNSER

Leid! O welches Wesen meinem
reingesinnten Nala dies angetan,
ein freudeloses Dasein soll ihm
werden immerdar!»
Und weiter, ziellos, rannte
suchend sie umher und rief und
horchte - doch vergebens - und
blind von Tränen und von
Schmerz geriet in die Gewalt sie
einer ungeheuren Schlange und
ward von ihr umstrickt. Und selbst
in diesem Augenblick gedachte sie
des Gatten nur:
«Wie wird dir, mein Geliebter, sein,
wenn du, von deinem Wahn
befreit, dereinst an deine Gattin
denkst, die du beschützen
wolltest ...
Es schweifte aber zu der Zeit
dort in dem Tigerschlangenwald
ein wilder dunkler Jäger. Der sah,
wie Damayantî ward umstrickt und
spaltete den Schlangenkopf und
schnitt den Schlangenleib
entzwei. Von der Umschlingung
machte er sie frei und wusch sie
und erquickte sie mit Speise und
mit Wasser.

«Sag mir, du Schöngazellenauge,
wie kommst du in den wilden
Wald?»
Und Damayantî, sie erzählte, wie es
ihr war ergangen, und weinte sehr.
Der Dunkle aber sah sie an und sah,
wie schön sie war in ihrem halben
Kleide, so jugendzart und so
vollkommen, die ringsum Feine
mit den schönen Brauen und ihrem
schönen Mal, die Lotusäugige, mit
ihrer holden Stimme.
Da fiel der Dunkle in des Kama
Bande und tröstete die Liebliche
mit zärtlich-glatter Rede. Doch
Damayantî, dies bemerkend, sie
ward von Zorn erfasst. Der wilde
Jäger aber sann, wie er sie wohl
besiege, und dass nur mit Gewalt
die Tugendhafte zu besitzen sei.
Als Damayantî so erkannt, die
Leidgequälte, des Bösen
schändliches Begehren, da stiess
den Üblen sie hinweg und fluchte
ihm und rief:
«So wahr ich keines andern Mannes
denken kann als des Nishadhers
nur, so wahr soll dieser

Schändliche hier ohne Seele niederfallen!»

Kaum hatte sie das Wort gesprochen, da brach der Dunkle leblos hin, gleich einem blitzgetroffnen Baum.

Und Damayantî irrte fort, den Gatten suchend in dem wilden Walde, wo Löwen, Tiger, Panther hausen, wo Vögel schrieen, Affen kreischten, wo der Insekten endloses Geschrille die Luft erfüllte ringsumher. Da sah sie manch Gebirg und manchen See und Teich und Fluss, und manche Höhle, manche Schlucht von wunderlicher Form; sie sah der Waldesherren himmelhohe Säulen von klammernden Lianen überdeckt, gestürzte Stämme, Farne, Bambusdickicht; und wucherndes Gesträuch, Gelaube und Geschlinge und dorniges Geranke allerwärts, und wirre Flechten, dichtverwachsne Wurzelfluren und scharfe Gräser und Geschilf und Sumpf; auch viele Wasservögel und Gewild, Gazellen,

Pfauen und Geflügel und schleichendes Gewürm. Auch sah sie der Dämonen Schar, Rakshasas und der Naga Volk.
Voll Hoheit, Schönheit, treuem Tugendsinn, so zog die Edle ganz allein und suchte Nala nur und fürchtete sich nicht; wohl aber klagte sie um ihren Gatten.
Auf eine Felsenklippe trat sie weit hinaus und seufzte schwer und sprach:
«O du breitbrüstiger, starkarmiger Fürst der Nishadher, wohin bist du gegangen? Bedenke doch, was du dereinst in Göttergegenwart mir hast versprochen! Du, der die heil'gen Veden kennt, du, der das Asvamedha hat vollbracht, du König aller Könige, du, welcher stets die Wahrheit sprach, gedenkst du dessen noch, was einst die Goldgans uns gesagt! Warum gibst du nicht Antwort mir in dieser grossen Einsamkeit? Dort nahet sich des Waldes Fürst, des Wildes stattlichstarker Herr, der weitmäulige, scharfzahnige,

KRALLENBEWAFFNETE TIGER: IHN WILL ICH UM DICH FRAGEN.
SIEH MICH AN, DU EDLES TIER, DU WILDES HERR! ICH BIN DES KÖNIGS BHÎMA KIND, UND DAMAYANTÎ NENNT MAN MICH, DIE GATTIN DES NISHADHERS. SAG MIR, DU BESTER ALLER TIGER, HAST MEINEN FÜRSTEN DU GESEHN HIER IN DEM GROSSEN WALDE, SO SPRICH ZU MIR! UND SPRICHST DU NICHT, SO TÖTE MICH, ERLÖSE MICH VON MEINEM GROSSEN LEIDE!
WOHL HÖRT DER TIERE HERRSCHER ALL MEINE KLAGEN AN; JEDOCH ER WENDET SICH UND GEHT ZUM FLUSSE HIN ...
WEIT DRAUSSEN SEH' ICH EINEN BERG, HOCHRAGEND ÜBER ALLE DSCHUNGEL. AUCH IHN WILL ICH UM MEINEN FÜRSTEN FRAGEN.
SEI MIR GEGRÜSST, GEWALT'GER BERG, O RAGEND HAUPT, GETÜRMT AUS BUNTEM FELSGESTEIN, VON EDLEM ERZ DURCHZOGEN; IN DEINEN WÄLDERN BIRGST DU WILD GAR MANNIGFACH, VIEL KLARE WASSER GEHN VON DIR ZU TAL, HOCH AUFGERICHTET STEHST DU DA, DU KÖNIG ALLER BERGE! SO WISSE, DASS ICH

Damayantî bin, den Gatten such' ich, meinen Herrn, den Herrscher von Nishadha. Hast du vielleicht, o bester Berg, wohl meinen Fürsten hier gesehn, gekleidet in ein halb Gewand, das er mir abgeschnitten? Ach, alles Glück ist mir entflohn, schwer bin ich heimgesucht. O tröste mich in meinem Leid, du schönster aller Berge!

Wenn du in diesem Walde weilst, mein König, o so zeig dich mir, gib Antwort deiner Gattin! Wann wieder werd' ich hören deine Stimme, die tieftönende, weiche, leiserollendem Donner gleiche, der aus regenspendender Wolke dringt, wie du zu mir nur sprichst: Damayantî, meine Vidarbherin!»

Und weiter wanderte die Holde, drei Tage gegen Mitternacht. Da sah sie einen Büsserhain, wie sie noch keinen je gesehn. Als wie ein Götterhain, so war er anzuschaun. Und Damayantî sah die Scharen mancherlei Getiers, Gazellen, Vögel; auch Affen, die im Baumgezweig ihr Wesen trieben.

DIE BÜSSER ABER, SINNGEZÜGELT UND
BESTÄNDIG, ENTHALTSAM,
HOCHBESELIGT, REIN: SIE GLICHEN
VASISHTA UND ATRI UND BHRIGU UND
NÄHRTEN SICH VON WELKEN BLÄTTERN
NUR, VON WASSER UND VON WIND. UND
DAMAYANTÎ SAH DIES ALLES UND
ATMETE ERLEICHTERT AUF. SO TRAT
SIE ZU DEN BÜSSERN HIN, VERNEIGTE
SICH IN EHRFURCHTSVOLLEM GRUSS.
«SEI UNS WILLKOMMEN!» SPRACHEN
JENE, «UND SETZE DICH UND RUH DICH
AUS, SAG, KÖNNEN WIR DIR HELFEN?»
«ERGEHT'S EUCH WOHL, IHR HEIL'GEN
MÄNNER, BEI EUREN FEUERN, EUREN
TIEREN, BEI ALLEM EUREM
TUGENDWERK?»
«WOHLERGEHN IST RINGSUMHER, DU
EDLE, REINE FRAU. DOCH SPRICH NUR,
WAS IST DEIN BEGEHR? WIR SIND DES
STAUNENS VOLL OB DEINER SCHÖNE.
BIST DU DIE GOTTHEIT HIER VON BERG
UND WALD UND FLUSS?»
«ACH, ICH BIN NUR EIN MENSCHENWEIB
UND SUCHE MEINEN FÜRSTEN; UND
DAMAYANTÎ NENNT MAN MICH, DES
KÖNIGS BHÎMA TOCHTER UND GATTIN
DES NISHADHERS, DES VIRASENA

STARKEM SOHNE, DES PUNYASLOKA,
MEINEM HERRN.»
UND SIE ERZÄHLTE NUN DEN HEILIGEN,
WIE ES IHR WAR ERGANGEN ... DES
GATTEN WAHN ... DAS UNHEILVOLLE
WÜRFELSPIEL ... UND WIE ER SIE IM
WALD VERLASSEN MIT
ABGESCHNITTENEM GEWAND.
«ACH, WENN ICH LANG NOCH SUCHEN
MUSS UND FINDE MEINEN GATTEN
NICHT, DANN STERB' ICH SICHER BALD.»
SO JAMMERTE DIE LIEBLICHE.
ES SPRACHEN ABER JENE BÜSSER,
NACHDEM SIE ALLES ANGEHÖRT:
«O HOLDE, WISSE, DASS OB UNSRER
GROSSEN BUSSE ES UNS GEGEBEN IST,
DIE ZUKUNFT ZU ERSCHAUEN. JA, DEN
NISHADHER, DEINEN GATTEN, DU WIRST
IHN DEREINST WIEDERSEHN! KEIN
WAHN WIRD IHN UMSTRICKEN. VON
SÜNDEN FREI, IN GROSSEM GLANZ, SO
WIRD DER BESTE UNTER DEN
GERECHTEN DER FEINDE NACKEN
BEUGEN UND LEUCHTEND, WIE DIE
SONNE SELBST, VON NEUEM IM
NISHADHALANDE HERRSCHEN!»
SO SPRACHEN JENE HEIL'GEN BÜSSER
UND SCHWANDEN DRAUF VOR

DAMAYANTÎS AUGEN HIN; MIT IHREN TIEREN, IHREN FEUERN, DEM GANZEN WUNDERSAMEN HAIN.

UND WIEDER STAND DIE LIEBLICHE ALLEIN UND WANDERTE UND SUCHTE NACH DEM GATTEN; DOCH HATTE SIE DER TROST DER BÜSSER, DIE IHR SO WUNDERBAR ERSCHIENEN WAREN, BERUHIGT UND ERQUICKT.

DARAUF KAM SIE ZU EINER ANDERN GEGEND HIN UND SAH DORT IN DEM WALDE EINEN BAUM, DEN SCHÖNSTEN ALLER BÄUME, DEN HERRLICHEN ASHÔKA STEHN. IN VOLLER PRACHT, SO STAND ER DA UND WAR MIT KNOSPEN ÜBERDECKT, GAR LIEBLICH WAR ER ANZUSCHAUN IN SEINEM ROTEN BLÄTTERKLEID.

«WIE STRAHLEST DU, O SCHÖNER BAUM, IN DIESER WALDESTIEFE MIT DEINEN BLÜTENKRÄNZEN! DEM BERGESKÖNIG BIST DU ZU VERGLEICHEN, DU VOGELSANGDURCHTÖNTER BAUM! AUCH DICH WILL ICH UM MEINEN FÜRSTEN FRAGEN. O DU GEBENEDEITER BAUM, HAST DU VIELLEICHT DEN KÖNIG OHNE TADEL, DEN BÄNDIGER DER FEINDE, DEN HERRSCHER VON NISHADHA,

meinen Gatten hier gesehn? O führe du in Wahrheit deinen Namen und löse mich von meinem Leid!»

Also sprach Damayantî und umwandelte huldigend den ringsum schönen Ashôka.

So irrte Damayantî in den Wäldern gar eine lange Zeit. Und eines Tags kam sie an einen Fluss. Breit strömte er dahin, und Röhricht wuchs an beiden Ufern. Viel Wasservögel lebten dort, und in den Fluten zogen Fisch und Schlange ihre Bahn, und schöne Inseln lagen in dem Strom.

Da sah sie eine grosse Karawane, von Elefanten, Rossen, Ochsenwagen, und dicht gedrängt, den klaren Fluss durchqueren. Und so trat Damayantî, die Feine mit den bienendunklen Augen, nun zu den Menschen wieder … doch jammerwürdig war sie anzuschaun: mit aufgelöstem Haar und abgehärmt und staubbedeckt, mit einer Hälfte des Gewandes nur, so glich sie einer Irren. Die Menschen

ABER, WENIG KLUG, SO LIEFEN EINIGE DAVON, UND ANDRE LACHTEN, MANCHE AUCH VERWÜNSCHTEN SIE; DOCH DIE VERSTÄNDIGSTEN, SIE FRAGTEN MITLEIDVOLL:
«SAG UNS, WER BIST DU, TREFFLICHE, SAG UNS, WAS TUST DU HIER IM WALD? BIST DU VIELLEICHT DIE GÖTTIN HIER VOM DSCHUNGEL UND VOM FLUSS? O SCHÜTZE UNS UND SCHENK UNS HEIL UND FÜGE ES, O SCHÖNE, DASS DIESE KARAWANE HIER AUCH WOHLBEHALTEN WEITERZIEH!»
«ACH, FÜRCHTET EUCH NUR NICHT VOR MIR. ICH BIN EIN MENSCH, GANZ SO WIE IHR, ICH BIN DES KÖNIGS BHÎMA KIND, DIE GATTIN DES NISHADHERHERRN, UND SUCHE MEINEN FÜRSTEN. HABT IHR IHN IRGENDWO GESEHN, SO SAGT ES MIR, IHR FREUNDLICHEN!»
«GESEHEN HAB' ICH TIGER, BÄREN, AUCH ANTILOPEN, ELEFANTEN UND GAZELLEN UND ANDRE TIERE VIELE; DOCH KEINE MENSCHEN SAH ICH IN DEM UNGEHEUREN WALD, SO WAHR UNS MANIBHADRA GNÄDIG SEI!»
DIES SPRACH ZU DAMAYANTÎ SUCI, DER KARAWANENFÜHRER.

«WOHIN WOLLT IHR DENN ZIEHEN, SAGT ES MIR?»
«WIR WOLLEN IN DAS LAND DER CÊDI ZIEHN. SUBAHU HERRSCHET DORT, DER WAHRHEIT SCHAUENDE FÜRST.»
SO ZOG DENN DAMAYANTÎ MIT JENER KARAWANE FORT UND WAR VOLL SEHNSUCHT NACH DEM GATTEN.
NACH WEITER WANDERUNG GELANGTE GEGEN ABEND MAN AN EINEN SEE, GAR LIEBLICH ANZUSCHAUEN IN DEM SCHRECKENSVOLLEN WALD. VON LOTOSDUFT WAR RINGS DIE LUFT ERFÜLLT, AN WEICHEM GRAS UND BRENNHOLZ WAR KEIN MANGEL. NACH RUHE LECHZTEN MENSCH UND TIER, SO WÄHLTE MAN AN DIESEM SEE DEN RASTPLATZ FÜR DIE NACHT.
ALS MITTERNACHT HERANGEKOMMEN UND ALLES TIEF IM SCHLAFE LAG, DA NAHTEN WILDE ELEFANTEN, ZU, TRINKEN UND ZU BADEN DORT IN DEM SCHÖNEN LOTOSSEE.
SIE WITTERTEN, DURCH BRUNSTRAUSCH SCHWER GEREIZT, DIE MENSCHEN UND DIE TIERE DORT UND IHRE ZAHMEN ARTGENOSSEN, UND WÜTEND GRIFFEN SIE DIE KARAWANE AN. GEBALLTEN

DUNKLEN WOLKEN GLEICH, DIE MIT
VERDERBEN ANGEFÜLLT, ALS
UNGEWITTER NIEDERGEHN, SO
ÜBERRANNTEN SIE DEN GANZEN
REICHEN KAUFMANNSZUG, DER
AHNUNGSLOS IN TIEFER RUHE LAG. EIN
SCHAUERLICH GESCHREI ERFÜLLTE RINGS
DEN WALD, UND BLIND VOM SCHLAFE
NOCH, SO STÜRZTEN MENSCH UND TIER
ENTSETZT NACH ALLEN SEITEN, UND
EINER HINDERTE DES ANDERN FLUCHT.
ZERTRETEN WURDEN SIE, MIT RÜSSELN
WURDEN SIE ZERSCHLAGEN UND VIELE
AUCH DURCHBOHRT VOM
ELEFANTENZAHN. NUR WENIGE
ENTKAMEN DIESEM SCHRECKLICHEN
GEMETZEL, DES KLAGEN DIE DREI
WELTEN LIESS ERZITTERN.
SO FIEL DORT IN DER NACHT DEM
ANGRIFF JENER WILDEN ELEFANTEN
ZUM OPFER GANZ DIE GROSSE
KARAWANE.
ENTSETZT, GELÄHMT VON FURCHT, SO
STARRTE DAMAYANTÎ AUF DAS UNHEIL
RINGSUMHER, DEM SIE WIE DURCH EIN
WUNDER WAR ENTGANGEN. UND ALS
VORÜBER NUN DIE SCHRECKENSSTUNDE,
DA HÖRTE SIE DIE WENIGEN, DIE

unverletzt entronnen, in ihrer
nähe sprechen:
«was taten wir, dass solches über
uns gekommen? hat nicht
genugsam manibhadra ehre man
erwiesen?»
«hat man des dreigeaugten shiva
sohn, ganesha, nicht genügend
opfer dargebracht, dass er die
hindernisse tilge?»
«gewiss ist es die folge böser
vogelzeichen! auch der gestirne
ungunst mag es sein!»
«nein, die planeten standen
günstig vor der reise! was kann es
nur gewesen sein!»
und andre riefen jetzt:
«das weib, das heute zu uns kam,
wie eine irre, angetan mit einem
halben kleide; von ihr, der
widerwärtigen, geht diese
schandtat aus! gewiss ist eine
yakshi-rakshasi-nagini sie, das
schändliche dämonenweib, und hat
nur menschenglieder
angenommen! wenn wir sie finden,
lasst mit steinen und mit
schollen, mit fäusten und mit

KNÜPPELN SIE ZERSCHLAGEN, DIE UNS VERHEXT DIE REICHE, WUNDERBARE KARAWANE!»

NACHDEM SOLCH REDE SIE VERNOMMEN, DIE SIE SO SCHWER BESCHULDIGTE, FLOH DAMAYANTÎ GRAMERFÜLLT UND BARG SICH TIEFER IM GESTRÄUCH. SIE FÜRCHTETE, DASS JENE SICH VERSÜND'GEN MÖCHTEN, UND VOLL VERZWEIFLUNG KLAGTE SIE: «WEH MIR, KEIN GLÜCK IST, WO ICH WEILE! WAS HABE ICH GETAN, DASS DIESES UNGLÜCK MUSST' GESCHEHN? WARUM BLIEB ICH VERSCHONT? ACH, NICHTS AUF ERDEN, NICHTS, WAS MENSCHEN LEIDEN, IST OHNE FÜGUNG; UND DOCH HAB' ICH IN WORTEN, TATEN UND GEDANKEN NIE IRGEND BÖSES JE GETAN, DASS SOLCHES UNHEIL MUSST' GESCHEHN! GEWISS HAB' ICH IN EINEM FRÜHERN LEBEN MICH VERGANGEN, DASS ICH SO BITTER BÜSSEN MUSS MIT TRENNUNG VON DEN KINDERN, VON DEM GATTEN, EIN SCHUTZLOS WEIB, DAS HAUSEN MUSS IM WILDEN WALD, WO SCHLANGEN UND WO TIGER WOHNEN. GEWISS IST ES DER GÖTTER WILLE, DER LÔKAPÂLAS ALLESAMT, DIE

ich verschmäht um Nalas willen,
ach, sicher ist es ihre Macht!»
Als nun die Schreckensnacht
vergangen, da offenbarte sich im
Morgenrot das Unglück dort an
jenem Lotossee in seinem ganzen
Jammer.
Wehklagend um den Vater, um den
Sohn, den Bruder und den Freund,
so ordneten die Überlebenden, die
Wenigen, der reichen Karawane
kümmerliche Reste nun und
schlugen Holz und rüsteten die
Scheiterhaufen ihren Toten.
Dann zogen sie davon, verlassend
jenen schreckensvollen Ort, der
nun ward heimgesucht von Geiern
und Schakalen und der Rakshasas
furchterregenden Gestalten.
Und Damayantî, bleich gleich einem
Neumondstreif, sie folgte der
davongezognen Spuren.
Nach vielen Tagen endlich kam sie
in die Stadt der Cêdi, wo Subahu,
der edle König, herrschte. In ihrem
Aufzug glich sie einer Irren, so
liefen ihr die Menschen nach, und
so gelangte sie bis zum Palast.

DORT SAH VON IHRER DACHTERRASSE
SIE DES KÖNIGS MUTTER.
SOGLEICH RIEF IHRE ZOFE SIE UND
SPRACH:
«GEH HIN UND FÜHRE DIE BEDRÄNGTE
DORT EILIG VOR MEIN ANGESICHT!
WENN SIE, DIE ÄRMSTE, SO GEQUÄLT
UND GANZ VERSTÖRT, AUCH EINER
IRREN GLEICHT, ERKENN' ICH IHRE
WUNDERBARE SCHÖNHEIT DOCH. WOHL
UNTER MEINEM SCHUTZE SOLL SIE
STEHEN, SIE WIRD DIE ZIERDE MEINES
HOFES SEIN, DIE GROSSGEÄUGTE; GLEICH
LAKSHMI IST SIE ANZUSCHAUN!»
ALSO LIESS SIE DIE LÄSTIGEN
VERTREIBEN UND HOLTE DAMAYANTÎ IN
IHR HAUS.
VOLL STAUNEN SPRACH SIE DANN:
«SELBST IN DIESEM UNGEMACH, DAS,
WIE ICH SEHE, ÜBER DICH GEKOMMEN,
TRÄGST DU DIE LIEBLICHSTE GESTALT.
VERKÜNDE MIR, WER DU WOHL BIST, DU
HOLDE, DENN DEINE SCHÖNHEIT IST
NICHT MENSCHENGLEICH, OBWOHL DU
ALLES SCHMUCKES BIST BERAUBT.»
«ACH FÜRSTIN, EINES MENSCHEN WEIB
BIN ICH JA NUR, DEM GATTEN BIN ICH
TREU ERGEBEN. AUS GUTEM HAUS BIN

ich; doch such' ich Dienst mir nach
Belieben, denn ich hab' einen
tugendhaften Herrn, dem durch
des Schicksals Fügung alles Gut
verloren ging. So zog er in den
wilden Wald, ich zog mit ihm, zu
trösten ihn, der nur mit einem
Tuche angetan. Auch dieses ging
verloren. Viel Nächte schlief ich
damals nicht. Doch als ich endlich,
schwer erschöpft, in
totengleichem Schlafe lag,
verliess mein Gatte mich, von
Wahn betört, und nahm die Hälfte
meines Sari. Ihn suche ich
verzweifelt! Und seh' ihn nicht und
find' ihn nicht, den
lotoskelchglänzenden Geliebten,
den Herren meines Lebens!»
Und Damayantis Augen füllten sich
mit Tränen, sie brach in lautes
Weinen aus.
«Wohne hier, du Liebliche, denn du
gefällst mir sehr. Nach deinem
Gatten lass ich suchen. Vielleicht
find't er sogar hierher!»
«Nur unter der Bedingung darf ich
weilen, so hab' ich es gelobt, nicht

SPEISERESTE WILL ICH ESSEN; VON BEEREN UND VON WURZELN NÄHR' ICH MICH. FUSSREINIGUNG WILL ICH NICHT TUN UND AUCH MIT MÄNNNERN SPRECHEN NICHT. SO EINER MICH ZUM WEIB BEGEHRT, SEI ER GESTRAFT VON DIR; UND TUT ER ES ZUM ZWEITEN MAL, SEI ER GETÖTET! DOCH MÖCHT' ICH WOHL BRAHMANEN SEHN, UM KUNDE VON DEM GATTEN ZU ERLANGEN. WILLST DU MIR DIES, O FÜRSTIN, ALL GEWÄHREN, SO WILL ICH OHNE ZAUDERN BEI DIR WEILEN!»

«ES SEI, SO WIE DU WÜNSCHEST, WIE DEIN GELÜBDE DIR BEFIEHLT, HEIL DIR, DU TUGENDHAFTE FRAU!»

UND ZU SUNANDA, IHRER TOCHTER, SAGTE SIE:

«SEI FREUNDIN DIESER SCHÖNEN HIER UND SCHWESTER, UND SEID NUN HEITEREN SINNES.»

SUNANDA, SIE NAHM DAMAYANTIS HAND UND SPRACH:

«ICH WILL DIR SEIN WIE EINE SCHWESTER, DU LIEBLICHE!» UND FÜHRTE SIE ZU DEN GESPIELINNEN.

ALS NALA DAMAYANTI SO VERLASSEN IN

JENEM SCHRECKENSVOLLEN TIGERSCHLANGENWALD. DA IRRTE ER UMHER WOHL EINE LANGE ZEIT. DOCH EINMAL FAND ER IN DEM WEGELOSEN WALD EIN MÄCHTIG FEUER BRENNEN, DAS SICH NICHT BREITETE NOCH SCHWAND, UND EINE HEIS'RE STIMME RIEF AUS SEINER MITTE:
«KOMM HERBEI, O KÖNIG NALA! PUNYASLOKA, KOMM HERBEI!» SO KLANG ES FORT UND FORT.
UND NALA, DURCH DES AGNI GABE, VOR ALLEM FEUERBRAND GEFEIT, BETRAT DIE GROSSE LOHE, DIE ZÜNGELND UM IHN FLAMMTE. DA SAH INMITTEN DIESER GLUTEN ER EINEN NAGAKÖNIG GEKRÜMMT IM FEUER LIEGEN.
«O KÖNIG NALA, RETTE MICH!» UND BITTEND HOB ER SEINE HÄNDE. «WIE LANG HAB' ICH DICH SCHON ERWARTET IN DIESER GRAUENVOLLEN GLUT. EIN NAGAKÖNIG BIN ICH, KARKOTAKA GENANNT, UND IN DAS FEUER HIER GEBANNT. GEKRÄNKT HAB' ICH DEN WEISEN NÂRADA, DEN GROSSEN BRAHMARISHI, EINST, DEN HEILIGEN; ZUM NARREN HIELT ICH IHN. DA WARD VON DEM ERZÜRNTEN ICH MIT

diesem Fluch belegt:
«Festgebannt sollst du nun sein, Karkotaka, in Feuersgluten, bis dermaleinst Nala, der Fürst, der Herrscher von Nishadhaland, hierher gelangt, des Reichs beraubt! Und ihm allein sei es gegeben, dich aus der Glut hinwegzutragen, dann soll der Fluch von dir genommen sein!›
O König Nala, um des Fluches willen kann ich mich nicht vom Flecke rühren und leide unermessne Qualen! Wie lang bist du erwartet schon! Gerufen hab' ich immerfort! O trage mich, du grosser Held, aus dieser grauenvollen Glut! Freund will ich sein dir immerdar; auch werde ich ganz leicht dir sein!»
Bei diesen Worten ward der Nagakönig klein, ward fingerklein – und König Nala nahm ihn auf und trug ihn eilig aus der Glut, die hinter ihm zusammensank.
«Nun gehe noch zehn Schritte weit, eh' du mich niedersetzest, Glück will ich dir verleihen!»
Und Nala ging, so wie Karkotaka

GEHEISSEN, DA BISS BEIM ZEHNTEN SCHRITT DER NAGA KÖNIG NALA IN DIE STIRN. DARAUF SCHWAND DES NALA HERRLICHE GESTALT, UND ER WARD DUNKEL, KLEIN UND KURZ VON ARMEN, UND KEINER HÄTT' IHN MEHR ERKANNT. DER NAGAKÖNIG ABER WARD SO WIE ZUVOR, HALB SCHLANGE UND HALB MENSCH, GEKRÖNT MIT KOBRAHAUBEN.

ER SPRACH:

«UNKENNTLICH BIST DU NUN GESTALTET DURCH MICH. DER ABER, O NISHADHER, DURCH DEN SO SCHWERE LEIDEN DU ERDULDEST, WIRD DURCH MEIN GIFT NOCH ÄRGER LEIDEN MÜSSEN, ES SEI DENN, ER VERLASSE DICH. DIR ABER SOLL MEIN GIFT NICHT SCHADEN! GETIER MIT SPITZEM ZAHN SOLL DICH NICHT MEHR GEFÄHRDEN, UND KEINE FEINDE UND KEIN GIFT SOLL QUALEN DIR BEREITEN, UND IN DEN SCHLACHTEN SOLLST DU SIEGEN ALLEZEIT! ZIEH NACH AYÔDHYÂ NUN, O FÜRST, ZU KÖNIG RITUPARNA HIN, DENN DIESER HAT DIE ZAHLENKUNDE, BEHERRSCHET AUCH DIE WÜRFELKUNST. ER WIRD, WENN EINST DIE ZEIT

gekommen, sie gegen deine Rossekunde tauschen und wird auch Freund dir sein, der Edle vom Ikshvâkustamm! Wenn würfelkundig du geworden, wirst du zu deiner Gattin kommen, zu deinen Kindern und zu deinem Reich! Doch wenn der Augenblick genaht, da du begehrst die einstige Gestalt zu schaun, umhülle dich mit dem Gewand, das ich dir gebe, und denke mein, und du wirst stattlich wie zuvor! Wahrheit ist, was ich sage, o Menschenfürst!»
Als er so Nala unterwiesen und das Gewand ihm hingegeben, verschwand der Nagakönig.

Und Nala, er begab, wie Karkotaka ihm geraten, sich auf den Weg in der Kosaler Reich. So zog am zehnten Tage er in Ayôdhyâ ein und nahte König Rituparna sich und sprach:
«Vâhuka nennt man mich, o Herrscher von Kosalaland. Gewandt bin ich im Rosselenken, auch kann, befragt mit schweren

FRAGEN, ICH IN VERWORRNEN DINGEN ANTWORT GEBEN. WAS SCHWER IST ZU VOLLBRINGEN, STETS WILL ICH MICH BEMÜHEN, ES ZU TUN! O LASS MICH, KÖNIG, DIENEN DIR!»

«WEILE, O VÂHUKA, HIER, WENN ES DIR SO GEFÄLLT; UND RICHTE MEINE ROSSE MIR ZU GUTEN RENNERN AB! AUF SCHNELLSTE FAHRT STEHT ALLEZEIT MEIN SINN. ZUR SEITE STEHEN SOLLEN DIR VÂRSHNÊYA UND AUCH JÎVALA. SO LASS AN MEINEM HOFE ES DIR GEFALLEN LANGE ZEIT!»

SO BLIEB DENN KÖNIG NALA WOHNEN IN HOHEN EHREN, UNERKANNT, AM FÜRSTENHOFE ZU AYÔDHYÂ.

DOCH WENN ZUR NACHT DIE ROSSE RUHTEN, SANG NALA EIN GAR TRAURIG LIED; UND SANG ES JEDEN ABEND:

«WOHIN HAT IN DEM ÖDEN WALDE DIE HOLDE IHREN SCHRITT GELENKT? WO MAG SIE SEIN, DIE TREUE, REINE? OB SIE NOCH IHRES GATTEN DENKT?»

UND EINMAL, DA SPRACH JÎVALA, ALS NALA WIEDER TRAURIG SANG:

«WER IST SIE, DIE DU SO BEKLAGST? SAG, WESSEN GATTIN SOLL SIE SEIN?»

«EIN NARR IST'S NUR», SPRACH VÂHUKA,

«Sein Name ist mir nicht bekannt;
ich hörte es nur sagen. Er kam in grosses Ungemach, sein treues Weib, es folgte ihm bis in den wilden Wald. Dort hat er sie verlassen. In einem schreckensvollen Wald, in einem Tigerschlangenwald! Ach, schwerlich ist sie noch am Leben! Allein, ein junges Weib - von Hunger und von Durst erschöpft - von einem Toren ward sie preisgegeben! An sie muss ich nun immer denken ...»
In solcher Art gedachte König Nala seiner Gattin Damayantî und wohnte unerkannt am Hofe des edlen Fürsten Rituparna.

Als Nala so sein Reich verloren, und Bhîma davon Kunde ward, da sandte er Brahmanen aus, das edle Paar zu suchen.
«Eintausend Rinder will ich geben, dazu ein Dorf wie eine Stadt, dem, der die Tochter mir entdeckt und Nala, ihren Gatten!» Also sprach Bhîma.

UND DIE BRAHMANEN, REICH BESCHENKT, SIE ZOGEN FRÖHLICH AUS IN DIE ACHT GEGENDEN DES HIMMELS, ZU SUCHEN DIE VERSCHWUNDENEN, JEDOCH WOHIN SIE AUCH GELANGTEN, SIE FANDEN NICHT DAS KÖNIGSPAAR.

ES FORSCHTE ABER EIN BRAHMANE IM CÊDILANDE IN DER KÖNIGSSTADT. UND ALS ER IM PALASTE WEILTE, ERBLICKTE ER DIE LANGGESUCHTE; SAH SIE BEI DEN GESPIELINNEN SUNANDAS WEILEN; DOCH IHRE SCHÖNHEIT WAR VERBORGEN, WIE SONNENLICHT SICH HINTER WOLKEN BIRGT.

SO SAH SUDÊVA, DER BRAHMANE, SIE, DIE GROSSGEÄUGTE, ABGEHÄRMT, IN ASCHE TRAUERND, UND SPRACH BEI SICH: «SO WIE ICH VORMALS SIE GESEHN, DER GATTIN KAMAS IST SIE ZU VERGLEICHEN, DIE SCHLANKE, DIE SCHÖNHÜFTIGE. NUN IST SIE WIE DIE VOLLMONDNACHT, WENN RAHU HAT DEN MOND VERSCHLUNGEN. WELCH DASEIN FÜHRET DOCH DIE ARME, DIE IHRES GATTEN IST BERAUBT! WENN ICH SIE SEHE, SCHWARZGELOCKT UND LOTOSBLUMENÄUGIG, DANN WIRD MEIN HERZ GERÜHRT VON IHREM GROSSEN

KUMMER.»
SO SPRACH SUDÊVA ZU SICH SELBST UND FORSCHTE NACH ERKENNUNGSZEICHEN UND TRAT AN SIE HERAN.
«O DU VIDARBHERIN», SO SAGTE ER, «SEI MIR GEGRÜSST! SUDÊVA BIN ICH, DEINER BRÜDER FREUND. AUF DEINES VATERS BHÎMA WUNSCH HAT MAN BRAHMANEN AUSGESANDT, DICH UND DEN GATTEN AUFZUFINDEN. DEN ELTERN GEHT ES WOHL, AUCH DEINEN BRÜDERN UND DEINEN KINDERN ALLZUMAL!»
UND DAMAYANTÎ, SIE ERKANNTE IHN, SUDÊVA, DEN BRAHMANEN, DEN FREUND DER BRÜDER, UND WEINTE SEHR.
SO SAH SIE DORT SUNANDA WEILEN, UND EILIG GING ZU IHRER MUTTER SIE. SUNANDA SPRACH:
«DIE FREMDE WEINT GAR SEHR, SEIT SIE MIT DEM BRAHMANEN SPRICHT, DER HEUT' IN DEN PALAST GEKOMMEN. WENN DIR'S GEFÄLLT, ERFÄHRST DU, WER SIE IST!»
DA GING DIE MUTTER MIT SUNANDA AUS DEM FRAUENHAUS UND LIESS SUDÊVA ZU SICH BITTEN UND SPRACH:
«WES GATTIN IST DIE SCHÖNE, SPRICH,

WES TOCHTER, SAG ES MIR, BRAHMANE! DU KENNST SIE! SAGE, WER SIE IST!» DA LIESS SUDÊVA SICH GEMÄCHLICH NIEDER UND KÜNDETE DEN FRAUEN, WAS SICH ZUGETRAGEN: VON DAMAYANTÎS GATTEN, VON NALA, DER SEIN REICH VERLOREN; WIE BEIDE IN DEN WÄLDERN SEIEN VERSCHWUNDEN, UND DASS FÜRST BHÎMA NUN BRAHMANEN AUSGESANDT, DAS EDLE PAAR ZU SUCHEN.
«UND JENE DORT», SO SCHLOSS ER DEN BERICHT, «DIE ICH GESEHN HIER IM PALAST, AN IHREM MAL, DA HAB' ICH SIE ERKANNT: VERBORGEN WIE DER MOND VON WOLKEN, SO VON DER TRAUER ASCHE IST VERDECKT DAS ZEICHEN ZWAR, IN IHRER BRAUEN MITTE; DOCH WARD'S VON MIR ERSCHAUT, DAS HERRLICHE, VON BRAHMA SELBST GEBILDET.»

DA GING SUNANDA HIN ZU DAMAYANTÎ UND WISCHTE IHR DIE ASCHE VON DER STIRN. UND DAMAYANTÎS MAL, ES LEUCHTETE, WIE MONDENBARKE GLÄNZT AN WOLKENLOSEM HIMMEL. KAUM HATTEN SUNANDA UND AUCH DIE

Mutter jenes Mal erblickt, da schlossen Damayantî sie in ihre Arme.

«O Damayantî!» rief die Fürstin aus, «dies Mal verrät dich mir! Der Schwester Tochter bist du, Holde. So wisse denn, dass wir vom König von Dasârna, von Sudaman, die Töchter sind. Sie ward vermählt mit Bhîma, deinem Vater; ich aber ward die Gattin Vîrabâhus. Sei nun bei uns, du Schwesterkind, hier in der Cêdi Reich, als seiest du in deinem Vaterhaus!»

Da neigte Damayantî sich: «Gehütet ward, o Mutterschwester, als Unbekannte ich von dir, als sei ich deine Tochter selbst. Doch willst du Gutes mir erweisen, lass mich zu meinen Kindern nach Vidarbha ziehn!»

«Es sei so, wie du wünschest!» so sprach die Königsmutter und sandte Damayantî mit allem Wohl versehen, geschützt von einer Kriegerschar, heim ins Vidarbhaland.

und dort empfing man sie mit grossen Freuden und huldigte den Göttern und Brahmanen. Fürst Bhîma gab Sudêva tausend Rinder, ein Dorf und andre gute Gaben. Doch eine Nacht nur rastete die Lotosschöne in ihrem Vaterhaus, da sprach zu ihrer Mutter sie:
«O Mutter, wenn du willst, dass ich am Leben bleibe; und Wahrheit ist, was ich dir sage, so lasset unverzüglich weiter suchen Nala, den Fürsten, meinen Herrn!»
Zu Bhîma ging sogleich die Mutter und sprach:
«O Fürst, die Tochter weint um ihren Gatten, hat abgetan die Scheu, hat seinen Namen ausgesprochen! Lass, o mein König, weiterhin nach Punyasloka suchen!»
Da wurden wiederum Brahmanen ausgesandt; doch traten sie, eh' sie die Stadt verliessen, vor Damayantî hin, die ihnen einen Spruch mitgab auf ihren Weg.
«O Spieler, sag, wohin bist du gegangen, nachdem du das Gewand der Gattin hast zerschnitten? Im

TIEFEN, WEGELOSEN WALD DER
TIGERSCHLANGEN HAST DU DIE
TREUERGEBENE VERLASSEN. SEND
EINER ANTWORT REDE, O GELIEBTER,
DER GELIEBTEN!
UND FORSCHEN SOLLET IHR IN
DÖRFERN, STÄDTEN UND AN
KÖNIGSHÖFEN, SELBST IN DEN
WÄLDERN, WO DIE BÜSSER LEBEN, UND
ÜBERALL, WO MENSCHEN WEILEN!
SO ABER EINER ANTWORT GIBT,
AUSFORSCHEN SOLLT IHR IHN GENAU,
DOCH SAGET NIE, WER EUCH GESANDT!
DIE ANTWORT BRINGT MIR SCHNELL
HIERHER!»

NACH MONDEN ENDLICH KEHRTE EIN
BRAHMANE MIT NAMEN PARNÂDA
ZURÜCK UND SPRACH:
«BEI MEINER SUCHE NACH DEM
FÜRSTEN KAM ICH ZUR STADT
AYÔDHYÂ HIN, WO KÖNIG RITUPARNA
HERRSCHET, DES BHANGÂSURA EDLER
SOHN. DORT SPRACH ICH DEINE REDE SO,
WIE ÜBERALL ZUVOR ICH SIE
GESPROCHEN, DOCH NIEMAND GAB MIR
ANTWORT DORT AM KÖNIGSHOF, OB ICH
SIE DENN AUCH MEHR ALS EINMAL

sprach.
Als ich schon weiterwandern wollte, da hielt mich einer von des Königs Leuten an, ein Dunkler, missgestalteter mit kurzen Armen, doch wohlerfahren in der Rossekunde; auch sehr geschickt, die Speisen zu bereiten; Vâhuka benannt, der fragte mich nach meinem Wohlergehn. Er seufzte schwer und gab sodann mir heimlich Antwort deiner Rede.
Vâhuka sprach:
‹Edle Frauen, tugendrein, die das Paradies erlangen; wenn ins Elend sie gegangen, werden durch sich selbst gehütet! Zürnen wird die Holde nicht ihrem reichsberaubten Gatten; Vögel nahmen sein Gewand! Zürnen wird die Edle nicht ihrem glückberaubten Gatten!›
Als ich des Mannes Wort gehört, bin eilig ich zurückgekehrt!»
Da ehrte Damayantî den Brahmanen mit Gaben viel und sprach:
«Noch reichern Lohn sollst du

erhalten, wenn einst mein Fürst
zurückgekommen; viel Gutes hast
du mir getan!»
Und es zog der Brahmane Parnâda
mit glückverheissender Rede
hochbeseligt heim.
Und wiederum sprach Damayantî zu
der Mutter:
«Erweis mir einen Liebesdienst,
doch lass den Vater nicht drum
wissen: Sudêva, den Brahmanen,
will ich sprechen, er möge nach
Ayôdhyâ ziehn, mir meinen Gatten
herzubringen!»
Und als Sudêva war erschienen,
erzählte Damayantî in der
Mutter Gegenwart, was von
Parnâda sie vernommen; und
sprach zuletzt: «Ziehe, o Brahmane,
zu den Kosalern nach Ayôdhyâ hin,
an König Rituparnas Hof und lass
verlauten dort die Mär, ganz wie
von ungefähr: Wie, Herrscher von
Kosala, weisst du nicht, dass König
Bhîmas Tochter, Damayantî, zum
zweiten Male eine Gattenwahl
nun hält? Schon morgen ist der
Tag. Von jenem Fürsten Nala weiss

doch niemand, ob er noch am leben ist!»
Da machte sich Sudêva heimlich auf und handelte, wie Damayantî ihn gebeten.

Sobald der Herrscher von Ayôdhyâ Sudêvas Rede hatt' vernommen, ging eilig er zu Vâhuka und sprach: «Mein Sinn, o rossekundiger Vâhuka, steht nach Vidarbha heute noch zu eilen, denn morgen, habe ich gehört, hält König Bhîmas Kind, die schöne Damayantî, zum zweiten Male Gattenwahl!»
«Wie kann die Holde solches tun, die fromme, reingesinnte Frau!» so dachte Nala voller Schmerz. «Gewiss ist es ein Anschlag nur, den sie erdacht um meinetwillen. Doch schwankend ist gar oft der Frauen Sinn, und mein Verschulden war zu gross. Vielleicht hat sie der Kummer all verwirrt, die Liebliche? Wie hab' ich Bösewicht sie schwer gekränkt! Ja, fahren will ich, dass ich selber sehe, was Wahrheit ist, was nicht!» Er neigte sich vor

RITUPARNA: «ES SEI SO, WIE DU WÜNSCHEST, FÜRST, DU TIGERSTARKER HELD!»
SO GING DENN NALA ZU DEN ROSSEN UND WÄHLTE SORGSAM SICH DIE BESTEN AUS FÜR LANGE FAHRT, GAR FEURIGE, VON EDLER ZUCHT UND FREI VON BÖSEN ZEICHEN UND WINDESSCHNELL, AM SINDHU WAREN SIE GEBOREN. DOCH RITUPARNA MOCHTE DIESE ROSSE NICHT, KURZATMIG SEIEN SIE UND SCHWACH UND NICHT DIE RECHTEN FÜR SOLCH WEITE FAHRT.
JEDOCH VÂHUKA SPRACH:
«ES SIND DIE RECHTEN, GROSSER KÖNIG, UND WERDEN EILEN NACH VIDARBHA HIN, DENN SIE ALLEIN, SIE TRAGEN DIE ZEHN ZEICHEN: EINS AN DER STIRN, ZWEI AUF DER BRUST UND ZWEI AUF IHREM HAUPTE, DOCH EINES NUR AM RÜCKEN HIER, JEDOCH AN BEIDEN WEICHEN VIER!»
«DU MUSST ES WISSEN, WELCHE TAUGEN! SO SPANNE AN, DIE DICH DIE BESTEN DÜNKEN!»
ALS NUN DIE ROSSE ANGESPANNT, BESTIEG DER KÖNIG EILIG SEINEN

Wagen, und alle Tiere stürzten
auf die Knie. Doch Nala streichelte
die Rosse, da sprangen sie empor,
begabt mit Feuer und mit Kraft
und stampften freudig mit den
Hufen und wieherten vor Lust.
Nachdem Vârshnêya auch den
Wagen mit bestiegen, trieb Nala
jene Rosse an zu schnellstem Lauf,
und wie geflügelt sprangen sie
davon, dass sie selbst Nala ausser
Fassung brachten. Fürst Rituparna
war erfreut, da er solch
Rossekunde sah. Jedoch Vârshnêya
fragte sich verwundert:
«Ist's Mâtali, ist's Sâlihôtra gar und
Mensch geworden? Beherrschet
Vâhuka die Kunst, so wie mein König
einst; vielleicht ist er es selbst?
Doch nein! Dies ist nicht Nala, nur
sein Wissen ist's. Wohl wandeln oft
grossgeist'ge Helden, und von
Verhängnis heimgesucht, ganz
unerkannt auf dieser Erde ...»
So sann Vârshnêya hin und her.
So flogen sie vorüber an Seen, an
Bergen, über Flüsse ... und einmal, da
entfiel des Königs oberes Gewand.

Obwohl sehr eilig, bat Vâhuka er, zu halten. Doch Nala sprach:
«Es liegt schon Meilen hinter dir, du kannst es nicht mehr holen!»
Und Rituparna sprach darauf:
«Nie ist das Wissen dieser Welt in einem Menschen nur vereint ... Du bist der Rossekunde Herr. Nun siehe auch von meiner Kunst: Das Zahlenwissen nenn' ich mein! Siehst du da vorn den Vibhîtakabaum? Er trägt der Äste sieben, und Blätter fünf Millionen und zwei dabei; auch gleiche Frucht trägt jeder Ast, zusammen sind es zweimal tausend und einmal hundert wen'ger sieben.»
«Du sagst, o König, was sich nicht beweisen lässt, was ich nur glaube, wenn ich nachgezählt. Nicht klar ist mir, was richtig oder falsch!»
Vâhuka hielt die Rosse an.
Der König aber rief erschrocken:
«Es ist nicht an der Zeit zu säumen, o Vâhuka! So glaub mir doch, dass ich besitze Zahl- und Würfelkunde!»
«Ich will die Früchte eines Astes

zählen», sprach Nala da voll Eifer.
«Vârshnêya mag die Rosse halten!»
Und Nala schlug den untern Ast
herab ... und wahrhaft zählte er
an diesem Ast
zweihundertneunundneunzig
Früchte.
«Ein Zufall ist es ganz gewiss, den
Baum, ich will ihn fällen und dann
die ganzen Blätter zählen!»
Doch Rituparna rief verzweifelnd:
«So glaub mir doch, ich sagt' es
schon, es sind der Blätter fünf
Million und zwei dabei; und jener
Ast, den du herabgeschlagen hast,
er trug der Blätter siebten Teil,
nur neun mal sieben sind
herabgefallen bei dem Schlagen,
die andern sind geblieben, wohl
siebenhundertvierzehn-
tausendzweihundertdreissig
wen'ger sieben! O Vâhuka, so glaub
mir doch! Ich will dir geben, was du
willst, wenn du an König Bhîmas
Hof mir heute noch die Sonne
zeigst!»
«Ich möchte erst die Blätter
zählen, fahr mit Vârshnêya nur

ALLEIN; SONST GIB DIE ZAHLENKUNDE
MIR UND NIMM DIE ROSSEKUNST
DAFÜR!»
«SO NIMM DENN HIN MEIN
ZAHLENWISSEN; ES SEI SO, WIE DU
SAGST! DIE ROSSEKUNDE GIB MIR
SPÄTER ...»
SO GAB DENN KÖNIG RITUPARNA VÂHUKA
ALL SEIN ZAHLENWISSEN, UND NALAS
AUGE WURDE HELL: MIT EINEM BLICK
ERFASSTE ER DER BLÄTTER ZAHL
WOHL FÜNF MILLION UND ZWEI DABEI,
MIT DENEN DIE AM BODEN LAGEN; UND
FRÜCHTE SAH ER ZWEIMAL TAUSEND
UND EINMAL HUNDERT WEN'GER
SIEBEN. UND ALS DIE ZAHLENKUNST ER
SO BEHERRSCHTE, DA GING, GESEHEN
NUR VON IHM, KALI, DER BÖSE
WÜRFELGEIST AUS SEINEM LEIB HERAUS
GLEICH EINEM RAUCH, DES KARKOTAKA
GIFT AUSSPEIEND IMMERFORT. DA
WICH VON NALA DAS
VERWÜNSCHUNGSFEUER KALIS, UND
NALA WAR FÜR EINE WEILE KAUM
MÄCHTIG SEINER SELBST. ALS KALI
ALLES GIFT VON SICH GESPIEEN, NAHM
SEINE URSPRÜNGLICHE FORM ER
WIEDER AN.

UND NALA, WIE ER NUN ANSICHTIG
WARD DES FINSTREN WÜRFELGEISTES,
HOB AN IN UNERMESSNEM ZORN DEN
KALI ZU VERFLUCHEN.
DOCH KALI, DER DÄMON, HOB BITTEND
SEINE HÄNDE:
«ZÜGLE DEINEN ZORN, O FÜRST, RUHM
WILL ICH DIR VERLEIHEN! WIE SCHWER
HAB' ICH GELITTEN SCHON AN JENEM
FLUCH, MIT WELCHEM DEINES SOHNES
MUTTER MICH GESTRAFT; WIE HAT
MICH GRAUENHAFT GEQUÄLT DES
KARKOTAKA FÜRCHTERLICHES GIFT! ZU
DIR, KSHATRIYA, NEHME MEINE
ZUFLUCHT ICH! DEN MENSCHEN ALLEN,
DIE DICH PREISEN, WILL NIMMER ICH
VERDERBLICH NAHN, O PUNYASLOKA,
EDLER FÜRST, WENN DU MICH NICHT
VERFLUCHEN WILLST, MICH, DER SO
GRAUSAM WARD GEQUÄLT, DER SICH
NUN UNTER DEINEN SCHUTZ BEGIBT!»
DA ZÜGELTE FÜRST NALA SEINEN ZORN,
DER EDLE, DER GROSSHERZIGE, UND
KALI FUHR IN JENEN VIBHÎTAKABAUM.
SO WARD DENN NALA FREI VON SEINEM
WAHN UND TRIEB DIE
WINDESSCHNELLEN ROSSE NUN VOLL
FREUDE NACH VIDARBHA HIN ... NUR WAR

ER NOCH GETRENNT VON SEINER EIGENEN GESTALT.

UND NALA FUHR MIT KÖNIG RITUPARNA UND VÂRSHNÊYA IN KUNDINA EIN, LANG EH' DIE SONNE UNTERGING. DAS DRÖHNEN DES GESPANNES DURCHHALLTE ALLE GEGENDEN DES HIMMELS; UND JENE ROSSE, WELCHE EINST DIE KINDER NALAS HERGEBRACHT, SIE HÖRTEN WIEDERKENNEND DAS GETÖSE UND STRÄUBTEN SICH UND WIEHERTEN VOR LUST. DIE KÖNIGSELEFANTEN, SIE TROMPETETEN, UND AUF DEN ZINNEN SCHRIEN DIE PFAUEN LAUT UND BLICKTEN HIMMELWÄRSTS OB DIESES WAGENDONNERS, DER GANZ DEM GROLLEN REGENSPENDENDER WOLKEN GLICH.

AUCH DAMAYANTÎ HÖRTE DAS GEDRÖHNE UND MEINTE, DIESES WAGENROLLEN SEI WIE EINST, DA NALA NOCH DIE ROSSE LENKTE.

«WIE FREUT MEIN HERZ SICH OB DES WAGENDONNERS, DER RINGS DEN HIMMEL UND DIE ERDE FÜLLT! ES IST KEIN ZWEIFEL, DASS ES MEIN

NISHADHER! WENN ICH NICHT HEUTE NOCH IN SEINEN ARMEN BIN, WENN NICHT DER LÖWENGLEICHE, KÖNIGLICHE HERR NOCH HEUT' AN MEINE SEITE TRITT, SO WILL ICH GLEICH INS GOLDENGLÜH'NDE FEUER GEHN, INS OPFERZEHRENDE! O, JETZT GEDENK ICH KEINER SCHMACH UND KEINER KRÄNKUNG MEHR, WEISS NICHTS, WAS ER VERBROCHEN UND OB ER FALSCHES JE GESPROCHEN, DER EDLE, WELCHER ALLE FÜRSTEN ÜBERRAGT ...»

SO STIEG SIE AUF DIE HÖHE DES PALASTES UND SCHAUTE IN DEN HOF HINAB, VERLANGEND NACH DEM ANBLICK IHRES GATTEN.

DA SAH SIE RITUPARNA UND VÂRSHNÊYA NUR UND EINEN DUNKLEN, MISSGESTALTETEN MIT KURZEM ARM; UND KÖNIG BHÎMA NAHETE, EMPFING DEN GAST VERWUNDERT, ER AHNTE NICHT DER FRAUEN LIST.

UND RITUPARNA SAH KEIN ZEICHEN EINER GATTENWAHL; UND AUF DES BHÎMA FREUNDLICHEN, ERWARTUNGSVOLLEN GRUSS SPRACH ER, VERLEGEN FAST:

«ICH BIN GEKOMMEN NUR, O KÖNIG, ZU

schaun nach deinem Wohlergehn!»
Doch König Bhîma lächelte bei sich
ob solcher Rede; dass dies der
wahre Grund nicht sei, erkannte
er sogleich, und sagte sich, dass er
ihn noch erführe.
So nahm er Rituparna gastlich auf,
geleitete ihn in das Haus, und auch
Vârshnêya ging hinweg. Vâhuka
blieb alleine bei den Rossen. Er
bracht' sie in den Stall, versorgte
sie und setzte sich dann auf den
Wagen.
Und Damayantî sah dies alles und
sprach bei sich:
«Woher kam dieses Wagenrollen,
das meines Gatten schien zu sein?
Vielleicht hat er Vârshnêya einst
die Kunst gelehrt? Vielleicht
fährt Rituparna auch wie mein
Nishadher ...?»
Da sandte sie ein treues, gutes
Mädchen als Botin in den Hof
hinab:
«Geh, o Kêsinî, und erkunde, wer
jener Rosselenker ist, der dort im
Hofe auf dem Wagen sitzt; und
frage ihn nach seinem Wohlergehn!

UND RECHT GENAU, WOHER ER IST GEKOMMEN, UND WARUM; UND SPRICH DEN SPRUCH, DU WEISST IHN, WELCHEN EINST ICH DEN BRAHMANEN AUFGETRAGEN, UND MERK AUF SEINE REDE, DU MEINE KLUGE DIENERIN. ICH MEINE, ES IST DER NISHADHER, MEIN KÖNIG UND GEMAHL!»

KÊSINÎ GING ZU VÂHUKA UND SPRACH: «WILLKOMMEN, O VORTREFFLICHER, ICH GRÜSSE DICH! VERNIMM DURCH MICH HIER MEINER HERRIN REDE: WANN SEID IHR AUFGEBROCHEN UND WARUM? ZU WISSEN WÜNSCHT ES DAMAYANTÎ!»

«FÜRST RITUPARNA, DER KOSALER, VON DAMAYANTÎS ZWEITER GATTENWAHL ERHIELT ER KUNDE. SCHON MORGEN SEI DIE GATTENWAHL! DA IST MIT WINDESSCHNELLEN ROSSEN ER EILIG AUFGEBROCHEN UND MICH, VÂHUKA, NAHM ALS WAGENLENKER ER.»

«WER ABER IST DER DRITTE, SPRICH, DER MIT EUCH IST HIERHERGEKOMMEN?»

«VÂRSHNÊYA IST'S, DER EINST DES NALA ROSSE LENKTE; BEI KÖNIG RITUPARNA HAT ER SICH VERDINGT, NACHDEM DES NALA KINDER ER

HIERHER GEBRACHT. SO SAGTE ER.»
«WEISS WOHL VÂRSHNÊYA, WO FÜRST
NALA HINGEGANGEN?»
«ER WEISS NICHT, WO ER IST, SO SAGTE
ER ES SELBER MIR. NUR NALA WEISS,
WO NALA IST, UND SIE, DIE IHM AM
NÄCHSTEN STEHT. UNERKANNT UND
FERN VON SEINER WOHLGESTALT
WANDELT DER FÜRST, DOCH NIEMALS
TUT ER DIE ERKENNUNGSZEICHEN
KUND ...»
«JÜNGST WAR AM HOFE VON AYÔDHYÂ
EIN BRAHMANE, UND ER SPRACH DIESE
WORTE WIEDERHOLT DORT ZU DEN
MENSCHEN: ‹O SPIELER, SAG, WOHIN BIST
DU GEGANGEN, NACHDEM DU DAS
GEWAND DER GATTIN HAST
ZERSCHNITTEN? IM TIEFEN,
WEGELOSEN WALD DER
TIGERSCHLANGEN HAST DU DIE
TREUERGEBENE VERLASSEN! SEND
EINER ANTWORT REDE, O GELIEBTER,
DER GELIEBTEN ...›
SPRICH, HOCHGESINNTER, NOCHMALS
JENEN SPRUCH, DEN DU, WIE DIE
VIDARBHERIN VERNOMMEN, DEM
HEILIGEN BRAHMANEN HAST GEGEBEN;
ZU HÖREN WÜNSCHT IHN DAMAYANTÎ!»

Da sagte Nala mit erstickter Stimme:
«Edle Frauen, tugendrein, die das Paradies erlangen, wenn ins Elend sie gegangen, werden durch sich selbst gehütet! Zürnen wird die Holde nicht ihrem reichberaubten Gatten, Vögel nahmen sein Gewand! Zürnen wird die Edle nicht ihrem glückberaubten Gatten!»
So sprach Fürst Nala voller Gram, und seine Augen füllten sich mit Tränen.
Da ging Kêsinî hin zu Damayantî, und treulich richtete sie alles, was sich zugetragen, aus.
Als Damayantî so vernommen, wie das Gemüt des Rosselenkers tief bewegt, sprach sie:
«Er ist doch mein Gemahl, allein es sind nicht seine Glieder. Geh, o Kêsinî, kluge Feine, und forsche weiter noch nach Zeichen; erspähe mir sein Tun: bald kommt die Zeit, dass er die Speisen richtet. Trag Sorge, dass man ihm kein Feuer gibt, auch Wasser nicht; und was

SODANN AN ÜBERIRD'SCHEN ZEICHEN DU BEMERKST, DAS SOLLST DU MIR BERICHTEN.»

UND DA KÊSINÎ WIEDERKEHRTE, SPRACH SIE:

«O HERRIN, WIE DU ANBEFOHLEN, WARD FEUER UND AUCH WASSER GANZ VERSAGT DEM FREMDEN MANN. DOCH NIE ZUVOR HAB' ICH GESEHN SO UNERHÖRTES DIESER ART. DENK NUR, O FÜRSTIN, GEHT ZU NIEDRER PFORTE ER, SO BEUGET ER SEIN HAUPT ZUM DURCHGANG NICHT, DIE HÖHEN UND DIE WEITEN, SIE FÜGEN SICH VON SELBER IHM! UND BLICKT ER IN DEN LEEREN KRUG, SO SCHWILLT DAS WASSER, WIE ER WILL! UND ALS DAS HOLZ ER AUFGESCHICHTET, EIN WENIG STROH IM LETZTEN SONNENSTRAHL FING FEUER EIN. DAS WASSER KOCHTE ODER RUHTE UND GANZ NACH SEINEM WILLEN! UND ALS ER ALLES ZUBEREITET, O HERRIN, HÖRE, WELCHES WUNDER ICH ERBLICKT: EINE WELKE BLUME NAHM ER AUF UND LIESS SIE DURCH DIE FINGER GLEITEN; DA HOB SIE BLÜHEND SICH AUS SEINER HAND MIT STEIFEM STENGEL, LEUCHTEND, DUFTEND, WIE ZUVOR! EIN

GROSSES WUNDER HAB' ICH DA
ERSCHAUT!»
«ER IST'S, ER MUSS ES SEIN! DOCH NICHT
BEGREIF' ICH DIE ERSCHEINUNG! GEH,
MEINE SCHÖNE DIENERIN, NIMM VON
DEN SPEISEN, DIE ER ANGERICHTET,
DASS ICH SIE SCHMECKE, WIE NUR ER,
MEIN FÜRST, SIE ZUBEREITET!»
NACHDEM KÊSINÎ DAMAYANTÎS WUNSCH
BEFOLGT UND DAMAYANTÎ JENE
SPEISEN AUSGEKOSTET, SPRACH SIE:
«ES IST KEIN ZWEIFEL!»
SO SANDTE SIE KÊSINÎ MIT IHREN
KINDERN ZU VÂHUKA HIN. KAUM SAH
FÜRST NALA BEIDE KINDER, DA SCHLOSS
ER SIE IN SEINE ARME, SIE, DIE GLEICH
JUNGEN GÖTTERN ANZUSCHAUN. SEIN
GEIST WARD ÜBERMANNT VON WEH, ER
BRACH IN WEINEN AUS. ALS ER KÊSINÎ
ABER SAH, DA LIESS ER SCHNELL DIE
KINDER LOS, BEZWANG DEN SCHMERZ
UND SPRACH:
«ES GLEICHET DIESES KINDERPAAR GAR
SEHR DEN KINDERN, DIE ICH SELBER
HABE. ALS ICH SO PLÖTZLICH SIE
ERBLICKT', HAB TRÄNEN ICH VERGOSSEN.
GEH NUN, DU TREFFLICHE, UND KOMM
NICHT MEHR HIERHER; GAR ÜBEL

MÖCHTEN ES DIE MENSCHEN DIR VERMERKEN, SEHN SIE DICH ALLZUOFT HIER BEI DEM FREMDEN MANN! GEH NUN, O HOLDE, HIN IN FRIEDEN!»

ALS DAMAYANTÎ DAS VERHALTEN JENES ROSSELENKERS SO ERKUNDET, GING SIE ZU IHRER MUTTER HIN UND SPRACH: «O MUTTER, AUSGEFORSCHET WARD VON MIR, DURCH MEINE ZOFE KÊSINÎ, DER FREMDE MANN, DER WAGENLENKER, DER MIT DEM GASTE AUS AYÔDHYÂ KAM HIERHER, UND SICHER BIN ICH, DASS DER FREMDE MEIN GEMAHL! UND DIE ENTSCHEIDUNG WERDE NUN HERBEIGEFÜHRT. ICH WILL ES WISSEN, OB MEIN GATTE DIESER FREMDE IST! ER WERDE NUN HIERHERGEHOLT MIT VATERS WISSEN ODER NICHT, SONST WILL ICH SELBER ZU IHM GEHN, WENN ER NICHT ZU MIR KOMMEN DARF!»

DIE MUTTER GING ZU IHREM GATTEN, ERZÄHLTE, WAS SICH ZUGETRAGEN, UND ES ERTEILTE DIE ERLAUBNIS BHÎMA, DER ERDEHERR.

DA WURDE KÖNIG NALA, UND WIDER WILLEN FAST, IN DAMAYANTÎS RÄUME EINGEFÜHRT. UND SO ERBLICKTE NALA

WIEDER DAMAYANTÎ, IN ASCHE
TRAUERND UND IM BUSSGEWAND UND
ABGEHÄRMT UND BLEICH; UND
BRENNENDHEISSER SCHMERZ
DURCHFUHR DEN FÜRSTEN, DA ER
DIESES SAH.

UND DAMAYANTÎ SPRACH
ERSCHÜTTERT ZU DEM
MISSGESTALTETEN:
«HAST DU, O VÂHUKA, JE EINEN MANN
GESEHN WIE NALA, DEN
NISHADHERHERRN, DER HEIMLICH IN
DEM WILDEN TIGERSCHLANGENWALD
SEIN SCHLUMMERND WEIB VERLIESS,
NACHDEM IN GÖTTERGEGENWART ER
HATT' VERSPROCHEN: ‹NIE WILL ICH VON
DIR WEICHEN›! WAS HABE ICH
VERBROCHEN, SAG ES, O VÂHUKA, ICH, DIE
UM IHN DIE GÖTTER EINST
VERSCHMÄHT UND DIE ICH KINDER IHM
GESCHENKT? DIE HAND ERGRIFF AM
OPFERFEUER ER UND SPRACH: ‹ICH WILL
DEIN GATTE SEIN ...!› O VÂHUKA, WAS IST
DARAUS GEWORDEN, SAG ES MIR!» UND
TRÄNEN RANNEN AUS DEN
BIENENDUNKLEN AUGEN.

UND NALA SPRACH MIT
SCHULDERSTICKTER STIMME:

«DASS DEIN GEMAHL SEIN REICH VERLOREN, DAS WAR NICHT SEINE SCHULD ALLEIN, ES WAR DES KALI, DES DÄMONEN, BOSHAFT WERK; AUCH DASS ER DICH IM WALD VERLIESS. DOCH SAGE MIR, DU UNGLÜCKSEL'GE, WIE KANN EIN GUTES TREUES WEIB, DEM GATTEN HERZLICH ZUGETAN, WOHL BOTEN SENDEN DURCH DAS LAND UND ÜBERALL VERKÜNDEN LASSEN: ES HÄLT DES FÜRSTEN BHÎMA KIND ZUM ZWEITEN MALE GATTENWAHL. DESHALB FUHR RITUPARNA HER UND HAT ALS LENKER MICH GENOMMEN!»

AUF DIESEN VORWURF SPRACH DIE HOLDE:

«WIE! WOLLEST DU, O FÜRST, MICH MIT VERDACHT NICHT KRÄNKEN, UM DICH HAB' ICH DIE GÖTTER EINST VERSCHMÄHT! UM DICH ZU SUCHEN, SIND BRAHMANEN AUSGEZOGEN, UM DICH HIERHERZULOCKEN, WARD DIE LIST ERSONNEN VON EINER ZWEITEN GATTENWAHL, DENN KEINER, O NISHADHER, KANN DIE ROSSE LASSEN EILEN WOHL HUNDERT MEILEN AN EINEM TAG! BEI DIESER WAHRHEIT LASS, MEIN FÜRST, MICH DEINE FÜSSE

NUN BERÜHREN, SO WAHR ICH KEINE SÜNDE HAB' BEGANGEN, ZUM ZEUGEN RUFE ICH DEN WIND, DIE SONNE RUF ICH UND DEN MOND, DIE GÖTTER, SO DIE DREIWELT UNS ERHALTEN! SIE MÖGEN MEINE LEBENSGEISTER LÖSEN, WENN ICH EIN UNRECHT HAB' GETAN!»

DA KAM DES VAYU ANTWORT AUS DEN LÜFTEN:

«WIR DREI, DIE DAMAYANTÎ ANGERUFEN, WIR WAREN HÜTER DEINER FRAU UND ZEUGEN, DER LISTENREICHEN. UM DICH ALLEIN HAT DIESEN ANSCHLAG SIE INS WERK GESETZT. SEI NUN VEREINT MIT IHR IN FRIEDEN!»

DA TÖNTEN LEISE GÖTTERPAUKEN, UND BLÜTENREGEN FIEL HERAB ... UND NALA DACHTE DES KARKOTAKA UND SEINER REDE ... ER HÜLLTE SICH IN DAS GEWAND, DAS JENER IHM GEGEBEN, UND ALSOBALD ERHIELT ER SEINE FRÜHERE GESTALT ...

ALS DAMAYANTÎ SOLCHES SAH, DA SCHRIE SIE AUF UND STÜRZTE ZU DEM GATTEN HIN, DER SIE UMFING, BEFREIT VON SEINEM WAHN UND SEINEM HÄSSLICHEN VERDACHT. DIE KINDER KAMEN, NALA SCHLOSS SIE IN DIE ARME,

UND LANGE WEILTEN SIE SO BEIEINANDER ...
DIE MUTTER ABER GING ZU IHREM GATTEN, BERICHTETE, WIE NALA WARD ENTDECKT; UND DIESER SPRACH: «WENN MORGEN FRÜH GEBET UND REINIGUNG VOLLBRACHT, DANN WILL ICH NALA SEHN; MIT SEINER GATTIN WIEDERUM VEREINT, WIRD EINE FROHE NACHT ER NUN VERBRINGEN!»
GEREINIGT VON DER TRAUER ASCHE, VON KUMMER FREI, SO GLÄNZTE DAMAYANTÎ WIEDER, DIE GROSSGEÄUGTE, DIE SCHÖNFARBENE, DIE RINGSUM FEINGLIEDRIGE, MIT IHREN SCHÖNEN BRAUEN UND IHREM SCHÖNEN MAL. GLEICH LAKSHMI WAR SIE ANZUSCHAUN, DIE LOTOSÄUGIGE IN IHRES GATTEN ARMEN. TRAULICH RUHTEN NUN BEISAMMEN, WIE INDRA RUHT MIT SACI, SEINER GATTIN, NALA, DER TIGERSTARKE, UND DAMAYANTÎ, DIE SCHÖNHÜFTIGE, UND SIE ERZÄHLTEN EINANDER DIE ABENTEUER IM WALDE, DIE GANZE, SCHRECKENSVOLLE IRRFAHRT. UND WIEDER SPANNTE KAMADÊVA, UM BLUMENPFEILE ZU VERSENDEN, SEINEN BOGEN, DES SEHNE

IST AUS BIENEN, AUS SUMMENDEN,
GEBILDET; UND IHRE WÜNSCHE WURDEN
NUN ERFÜLLT. SO WIE GETREIDE,
HALBGEREIFT, VON LANGERSEHNTEM
REGEN WIRD ERQUICKT, SO WURDEN
NUN ERQUICKT NALA UND DAMAYANTÎ.

AM ANDERN TAGE SUCHTE NALA MIT
SEINER GATTIN DAMAYANTÎ BHÎMA, DEN
ERDEHERRSCHER, AUF, IHM SEINE
EHRFURCHT ZU BEZEIGEN. UND KÖNIG
BHÎMA, FREUDEVOLL, NAHM NALA AUF
WIE SEINEN SOHN.
DAS VOLK, ERFASST VON GROSSER
FREUDE, OB KÖNIG NALAS WIEDERKEHR,
ES SCHMÜCKTE KUNDINA SO SCHÖN,
DASS ALLES RINGS IN KRANZGEWINDEN,
IN BLÜTEN UND IN BANNERN PRANGTE.
MAN OPFERTE AN ALLEN HEIL'GEN
FEUERSTÄTTEN UND EHRTE GÖTTER
UND BRAHMANEN.
ALS RITUPARNA NUN VERNOMMEN, WIE
IN DES VÂHUKA GESTALT, DER
WENIGSCHÖNEN, FÜRST NALA WAR
VERBORGEN UND WIE ER WARD
ENTDECKT, DA NAHTE ER IHM FREUDIG
UND SPRACH:
«O MÖGEST NALA, GROSSER KÖNIG, DU

GLÜCKLICH LEBEN IMMERDAR! WENN JEMALS KRÄNKUNG, UNGEWOLLT, IN MEINEM HAUSE DU ERFAHREN, VERZEIHE DEM, DER PUNYASLOKA NICHT ERKANNT!»

«NICHT KRÄNKUNG WARD MIR, FÜRST, IN DEINEM HAUSE; UND SELBST WENN ES SO WÄR', WIE KÖNNT' ICH ZÜRNEN DEM, DER FREUNDLICH DEM BERAUBTEN, DEM MISSGESTALTETEN, DEN FRIEDEN SEINES HAUSES HAT GEWÄHRT? LASS NUN, O KÖNIG, ROSSEKUNDE DIR VERLEIHEN, SO WIE ICH ES VERSPROCHEN, DU TIGERSTARKER HELD!»

UND KÖNIG NALA GAB, DEN REGELN NACH, FÜRST RITUPARNA ALL SEIN WISSEN VON DEN ROSSEN HIN.

FÜRST RITUPARNA FLOG DARAUF, MIT WINDESGLEICHEN ROSSEN, NUN VOLL FREUDE NACH AYÔDHYÂ HIN ... DEN VIBHÎTAKABAUM JEDOCH SAH ER VERDORRT ... VÂRSHNÊYA ABER BLIEB BEI KÖNIG NALA UND WAR SEIN ROSSELENKER WIE ZUVOR.

DOCH NALA, WÜRFELKUNDIG NUN, BRACH AUF, SEIN REICH VON NEUEM ZU gewinnen. Mit einem kleinen Heere nur, mit einem Wagen, fünfzig Rossen, doch sechzehn starken Elefanten, zog überraschend ein in seiner Königsstadt Nala, der Männerfürst. Er trat vor seinen Bruder hin, der zornentbrannte Virasenasohn.

Nala sprach:

«Auf, Bruder, auf zu neuem Spiel, denn neues Gut hab' ich erworben! Pflicht ist's, ein Gegenspiel mir zu gewähren! Wenn aber du das Spiel nicht wünschest, so mögen Waffen hier entscheiden, sei's Wurfring oder Keule, sei's Bogen oder Schwert!

Es muss ein Reich auf jede Weise, und sei es selbst durch List, zurückerobert werden; so lehren es die Alten. Entschliesse dich, o Pushkara, zum Würfelspiele oder Kampf!»

Pushkara lachte laut und rief:

«Die Schätze, die du dir gewonnen, sie werden meine Schätze mehren, nur Damayantî fehlt an meinem Glück! Oft hab' ich dein gedacht,

WANN DU WOHL KOMMST, SIE
HERZUFÜHREN!»
DA RÖTETEN DES NALA AUGEN SICH IN
WUT. ER SPÜRTE GROSSE LUST, DEM
ÜBERMÜTIGEN SOGLEICH DAS HAUPT ZU
SPALTEN; JEDOCH BEHERRSCHEND SICH,
SPRACH LÄCHELND ER ZUM BRUDER:
«ICH SETZE ALLES EIN, WAS MEIN,
DAGEGEN SETZEST DU DAS REICH UND
ALLES, WAS DARINNEN, DICH SELBER
AUCH!»
«SO WERD' ICH DAMAYANTÎ BALD IN
MEINE ARME SCHLIESEN! AN MEINER
SEITE WIRD SIE RUHN, WIE EINE APSARA
BEI INDRA RUHT, DIE ZIERLICHE, DIE
SCHLANKE, DIE TADELFREIE
DAMAYANTÎ!»
«WENN DU, WAHNWITZ'GER
SCHWÄTZER, HAST VERLOREN, DANN
WIRST DU NICHT MEHR PRAHLEN!»
DA WARD DENN DIESES SPIEL
BEGONNEN, UND GLEICH BEIM ERSTEN
GANGE SCHON GEWANN DER
VIRASENASOHN SEIN REICH ZURÜCK, DER
WÜRFELKUNDIGE, DIE PERLEN UND DIE
SCHÄTZE.
ZUM BRUDER, SEINEM SKLAVEN NUN,
SPRACH ER:

«MEIN IST DAS REICH, AM BODEN
LIEGEN SEINE FEINDE! BEGEHRLICH
WIRST DU NIMMERMEHR DEN BLICK
AUF DAMAYANTÎ RICHTEN! FÜR EINE
WEILE, EINE KLEINE, SCHIEN DAS
NISHADHERREICH DIR ZU GEHÖREN,
DOCH HATTEST DU, O TOR, ES NICHT
GEWONNEN, ES WAR DER
WÜRFELGEISTER BÖSES WERK! DRUM
WILL ICH RÄCHEN NICHT AN DIR DEIN
SCHLIMMES TUN. VERZIEHEN SEI, WAS
DU VERBRACHST, KEHR HEIM IN DEINE
STADT UND SEI MEIN BRUDER WIE
ZUVOR!»

UND WIE ER NÄHER NUN DEM
STAUNENDEN BERICHTET, WIE ALLES
SICH GEFÜGT, DA SCHMOLZ PUSHKARAS
TROTZ DAHIN.

«O NALA PUNYASLOKA!» RIEF ER AUS,
VEREHREND SEINES BRUDERS FÜSSE,
«VIEL GLÜCK UND LANGES LEBEN
WÜNSCH' ICH DIR AUF DEINEM THRON,
DU HOCHGESINNTER! NIE, EHRLICH WILL
ICH ES GESTEHN, HAB ICH DEN FRIEDEN
MEINER SEELE HIER GEFUNDEN, DA DU
INS ELEND GINGST! ALS BÜSSER LASS
MICH ZIEHN DORTHIN, WO SICH DIE
FLUTEN DER JAMUNA UND DER GANGA

EINEN; AN HEIL'GEM ORT MICH REINIGEN VON GROSSER SCHULD; UND DANN ZUFRIEDEN LEBEN IN DER STADT, DIE DU MIR GIBST, O KÖNIG; UND LEBE DU DER JAHRE TAUSEND!»

SO WURDE NALA, DER NISHADHER, VON NEUEM SEINES REICHES HERR. ER HOLTE DAMAYANTÎ HEIM, DIE LEIDGEPRÜFTE, TREUE; SEIN KINDERPAAR, GLEICH JUNGEN GÖTTERN ANZUSCHAUN.
GESCHMÜCKT MIT ALLEM KÖNIGSSCHMUCK UND STRAHLEND IM JUWELENGLANZ, SO HERRSCHTE NUN, DEM RECHTE NACH, UND LEUCHTEND WIE DIE SONNE SELBST, NALA, DER MÄNNERFÜRST, GELIEBT VON SEINEM VOLK. ER OPFERTE DER OPFER VIELE, DER VEDA- UND VEDANGAKENNER UND HULDIGTE DEN GÖTTERN, WIE ES BRAUCH.

ALSO HERRSCHTE NALA, DER FÜRST, HOCHGEEHRT WIEDERUM UNTER DEN FÜRSTEN VON JAMBUDVIPA, ÜBER DIE SCHÄTZETRAGENDE ERDE, ÜBER DIE SCHÄTZEERFÜLLTE WELT.

NALA UND DAMAYANTÎ

Diese Geschichte
erzählt der Weise Vrihadasva
dem edlen Yudishthira,
dem verbannten König der Pandavas;
im Mahâbhârata, Vanaparvan,
dem 3. Buch, dem Waldbuch.

Verehrung dir, o Ganesha, du Weiser unter den Göttern! Aufrecht trägst du des Ilfen Haupt, des Weisen unter den Tieren. Wie leuchten deine Augen hell, wie glänzet deines Zahnes Bein, der Mondenbarke zu vergleichen, von Wolken halb verdeckt. Mit Tupfen, glückverheißend, sind betropft die Fächer deiner Ohren, weich schimmert deines Rüssels Lotosspitze und trunken taumeln schwarze Bienen um deiner Schläfen Honigseim ...

Behüte, o Ganesha, ringsumwandelnder Sproß Mahadevas, des Stirngeaugten, des Mondgekrönten, dieses Buch, wohl unter deinen Schutz gestellt!

Im Land Nishadha herrschte Nala einst, ein Fürst, bekannt in allen Inderreichen als Mann von fleckenlosem Ruf. Begabt mit allen Tugenden, ward er von seinem Volk geliebt, denn ähnlich den Unsterblichen, so überstrahlte er sein Land, ganz wie die Sonne strahlt in hellem Glanze. Jung war er, stark und schön, so schön, als hätte Kamadêva selber hier Gestaltung angenommen. Gerecht, ein Kenner der vier Veden und der Brahmanen Freund, war er ein heldenhafter Fürst und achtete gewissenhaft die Regeln seiner Kaste. Vor allen Gaben aber war dem Edlen die Roß- und Wagenlenkekunde wunderbar verliehen: er konnte Roß und Wagen lassen jagen wohl hundert Meilen an einem Tag.

Es lebte zu derselben Zeit ein König im Vidarbhaland, und dessen Tochter war so schön wie keine sonst in einem Reich, und Damayantî wurde sie genannt, des mächt'gen Fürsten Bhîma Kind. Schönfarben und von schlankem Wuchs, trug zwischen ihren Brauen sie, und angeboren, ein schönes Mal. Wie Vollmond unter Sternen glänzt, so leuchtete sie aus der Mädchenschar, die sie umgab – und nicht bei Menschen noch bei Göttern ward eine lieblichere je gefunden.

Doch wie die Schöne war mit keiner zu vergleichen, so war auch Nala ohne Ebenbild. Die hingestreuten Worte hier und da erreichten hier den Fürsten, dort das Königskind; so wuchs bei ihnen, die sich nie gesehn, die Sehnsucht nach einander auf, denn immer hieß es, daß kein schönres Paar sei auszudenken hier auf Erden als Nala und die holde Königstochter Damayantî.

In König Nala aber wuchs die Liebessehnsucht übermächtig auf und ward so groß, daß er des Hofes Treiben mied. In einem stillen Hain, da wohnte er fortan, der schönen Damayantî stets gedenkend. Als eines Tages er an einem Lotosteiche weilte, fiel dort ein Flug von goldnen Gänsen ein. Sie schwammen dicht am Ufer hin, und eine kam so nah heran, daß Nala sie zum Zeitvertreib mit dem Gewand bedeckte und ergriff.

«O König Nala», sprach die Goldgans da und sprach mit Menschenlaut, «o König Nala, laß mich frei! Ich weiß, daß du an Damayantî denkst, die Schöne im Vidarbhaland, und wahr ist es gewiß: sie ist die Lieblichste, die Tugendhafteste von allen. Mit den Gefährten will ich zu ihr ziehn, und preisen will ich dich, daß sie an keinen andern denken kann als nur an dich, o Manntiger. Beschlossen ist seit Ewigkeit, daß ihr einander seid bestimmt!»

Da ließ der Fürst die Goldgans frei, und diese flog sogleich mit den Gefährten auch hinweg.

Und jener Zug von goldnen Gänsen flog eilig nach Vidarbhaland. Dort fiel er in das lichte Waldgefilde ein, wo Damayantî, Nalas denkend, weilte. Und die Gespielinnen, sie liefen all den goldnen Gänsen nach, zerstreuten sich, und Damayantî stand allein. Und jene Goldgans, die Fürst Nala angesprochen, ließ sich von Damayantî mit dem Schleier fangen und sprach darauf:

«O holde Schöne, laß mich frei! Von Nala ward ich hergesandt, dem König von Nishadhaland. Er denket dein, schönfarbenes und schlankes Mädchen. Wo wir auch flogen in der Menschen Land und im Gebirge Himavant bei Göttern und Gandharven, wir sahen keinen Mann wie ihn, dem Mensch gewordnen Kama ist er zu vergleichen. O wenn du dessen Gattin wärest, kein schön'res Paar ist auszudenken hier auf Erden.»

«So sprich denn so zu Nala auch», erwiderte die Schöne da dem goldnen Liebesboten.

Nachdem die Gänse fortgezogen, ward Damayantî ruhelos, zerstreut und blaß, fand keinen Schlaf, verschmähte Speis und Trank und seufzte viel und weinte oft. Und die Gespielinnen besorgt, sie taten dies dem König kund.

Fürst Bhîma aber sprach bei sich:

«Es ist erblüht, mein holdes Kind, zur schönsten Blume aller Inderreiche. Die Zeit ist reif, daß ich ihr eine Gattenwahl bereite.»

Er sandte seine Boten aus, zu laden Fürst und Königsohn:

«Kommt, ihr edlen Helden, all zu Damayantîs Svayamvara! Wen sie erwählet unter euch, heimführen soll er sie, die Schöne!»

Da kamen denn herbeigeströmt der Erde Herrscher nah und fern. Mit Elefanten, Rossen, Wagen und einem prunkenden Gefolge, mit bunten Kränzen reich geschmückt und strahlendem Geschmeide.

Fürst Bhîma, er empfing sie wohl, die Erdeherrscher allesamt und ließ sie wohnen hochgeehrt als Gäste im Vidarbhaland.

Es wandelten zur selben Zeit der Weise Rishi Nârada sowie der Weise Parnâda, die hohen, die großgeistigen, bußkräft'gen Brahmasöhne, hinweg von dieser Erdenwelt in Indras Götterhimmel. Und es empfing mit hohen Ehren Indra, der Götter König, sie, die Trefflichen, und fragte sie nach ihrer und der Welt Befinden.

«O hoher Herr, o Maghavan, wir sind wohlauf und ebenso die Fürsten auf dem Erdenrund.»

«Wo aber sind die Helden all, die hin im Kampf ihr Leben geben? Schon lange warte ich auf Gäste!»

«Vernimm von mir», sprach Nârada, «warum die Fürsten sich nicht zeigen: des Erdeherrschers Bhîma Kind, die schöne Damayantî, hält in Kürze ihre Gattenwahl, und dorthin ziehen nun die Edlen, vergessend Kampf und Ruhm. Von allen wird sie heiß begehrt, sie, welche von den Sterblichen der Erde rings die schönste ist und Perle dieser Welt.»

Es hörten aber dies Gespräch auch andre Lôkapâlas noch: Agni zumal und Varuna und Yama auch, die unter den Unsterblichen die besten sind. Und heiter riefen sie darauf:

«Warum gehn wir nicht selber auch zu Damayantîs Gattenwahl?

Auf, laßt uns nach Vidarbha ziehn!»

Und also zogen jene Götter mit Wagen, Tieren und Gefolge aus ihren hohen Himmelshainen hinunter in der Menschen Land.

Auch Nala, er fuhr frohgemut mit schnellen Rossen nach Vidarbha hin, und nahe bei Kundina schon, da holten ihn die Götter ein und hielten an und staunten sehr, als sie ihn nun erblickten, ihn, der dem Kama zu vergleichen. Sie stiegen aus dem Wolkenraum, und Indra fragte den Nishadher:

«Sag uns, o Nala Punyasloka, sag, willst du unser Bote sein?»

«Ich will es tun, ihr Leuchtenden, sagt, wer ihr seid und was ihr wollt.» Und Nala neigte sich in Ehrfurcht vor den glänzenden Gestalten.

«So wisse denn», sprach Indra da, «daß ich der Götter König bin, und die Gefährten dort mit mir sind Agni, Yama, Varuna. Wir kommen ins Vidarbhaland zu Damayantîs Gattenwahl, und du sollst unser Bote sein. Geh hin und sage ihr, der Schönen, sie möge von uns Lôkapâlas sich einen zum Gemahl erwählen!»

«Ihr Götter!» rief Fürst Nala aus. «Ich komme selber um die Schöne, erlaßt mir diesen Botengang!»

«Du hast gesagt: ‹Ich will es tun!› Hält ein Kshatriya so sein Wort?»

«Das Tor, es wird verschlossen sein, und scharf bewacht ist der Palast!»

«Du wirst hineingehn ungesehen, weil es so unser Wille ist!»

Da sagte denn Fürst Nala zu und drang, von niemandem erblickt, in Damayantîs Räume ein.

Sie saß inmitten der Gespielen, und alle waren sehr erstaunt, als sie in seiner Kraft und Schönheit ihn erblickten, ihn, der dem Kama zu vergleichen; und wie geblendet starrten sie auf die Erscheinung. Und Damayantî sprach mit holder Stimme:

«Wer bist du, tadellos Gestalteter, der du erschienen hier wie einer der Unsterblichen? Bist ein Gandharva du, bist du ein Gott? Wie kamst du hier ins Frauenhaus? Gar streng bewacht ist der Palast!»

«So wisse denn, du holde Schöne, Fürst Nala bin ich von Nishadherland. Als Götterbote bin ich hergesandt. Die Weltenhüter selber, sie wünschen zur Gemahlin dich! Es bitten hier um deine Gunst durch mich der Götter König Indra selbst, auch Agni, der des Feuers Herr, Varuna und des Todes Gott. Sie hat dein Liebreiz angezogen! So, durch der Götter Macht geschützt, betrat ich den Palast.»

Doch Damayantî, erst die Götter preisend, sprach zu dem lange schon Ersehnten:

«Wie kann ich von den Göttern einen mir erwählen, nachdem, o Nala, ich dein Angesicht erblickte? Hast du vergessen, was die Goldgans sprach? O alles, was du willst, ich könnt' es dir nicht wehren, und alles, was ich bin und hab', ist dein! Um dich allein hat man die Fürsten hier geladen, um dich zu wählen, bist du lange schon erwartet; doch wenn du mich verschmähst, nun, da ich meine Liebe dir gestanden, so will ich länger nicht mehr leben, denn ich vermag nicht zu ertragen, daß meine Liebe ich umsonst gesagt!»

«O Damayantî, schöne Schönste, zu diesem Botengange hab' den Göttern ich mein Wort gegeben und darf nicht meine Pflicht verletzen, indem ich für mich selber werbe. O Damayantî, hör auf meinen Rat! Willst du, wo selbst Unsterbliche dich hier begehren, den Mann erwählen, der einst sterben muß? Dem Staube ihrer Füße bin ich nicht gleichzusetzen. Wie dürft' ich den Unsterblichen zuwiderhandeln? Mein Tod wär' es gewiß! Welch Sterbliche erwählte Indra zum Gemahle nicht, der Dânava, der Dâitya Schreck, ihn, den die Götter König nennen, ihn Balavritrahan, des Tages Herrn – welch Sterbliche erwählte Agni nicht, der Feuer ist und Feuers Macht? Ihn, Hutâsana, der die Opfer zehrt, der diese Erde einst am Ende aller Tage wird verschlingen, sag, welche Sterbliche erwählte ihn nicht zum Gemahl? – Gedenke des Varuna auch, Herr seiner selbst und Herr der Welt und Herr der beiden Ozeane. Zu seiner Wahrheit fließen alle Ströme hin. Mit ewig frischen Blüten wird er dich bekränzen - auch Yamas denke, des Gerechten, des Bändigers der Erdenwesen, vor dem sich alles, was da lebt, einst beugen muß, welch Sterbliche erwählte ihn nicht zum Gemahl!»

«Die Götter preis' ich alle hoch und bete sie mit Ehrfurcht an; jedoch zum Gatten wähl' ich dich, wie ich beschlossen habe. Drum kehre zu den Hohen nur zurück und sprich, sie mögen kommen zu der Gattenwahl, wie du, und wählen will ich dann, so wie es Sitte ist und Brauch, und nicht verletzt ist deine Botenpflicht – und wählen will ich, o mein tigerstarker Fürst, dich in der Weltenhüter Gegenwart!»

So kehrte Nala zu den Göttern denn zurück, und treulich richtete die Botschaft er von Damayantî aus.

An einem Tag, zu einer Stunde, da glücklich die Planeten standen, lud Bhîma seine Gäste ein zu Damayantîs Gattenwahl. Durch eine Ehrenpforte zogen sie in eine goldne Säulenhalle wie Löwen, die durch eine Bergschlucht ziehn. Mit Blütenkränzen reich geschmückt und edlen Steinen, funkelndem Geschmeide, so ließen sie sich nieder in der Halle auf den für sie bereiten Sitzen. Da konnte man sie all erschauen, die Stattlichen, die Erdenherrscher, gar schön von Antlitz und Gestalt, von reichem Lockenhaar umflossen, und starken Armen, die fünfhaupt'gen Schlangen glichen. So wogte es dort in der Halle von Tigerfürsten auf und ab, wie in Bhôgavati es woget von der Naga Volk.

Wohlgefällig strahlten die erdebeherrschenden Fürsten wie die Gestirne des Himmels.

Als Damayantî nun den Saal betrat, da blieben alle Blicke ruhn auf ihr wie festgebannt. Der Herold, er verkündete die königlichen Namen; doch als der Schönen ward Fürst Nala vorgestellt, da sah sie in der Erdeherren Schar wohl fünf Gestalten stehn, die Nala glichen auf ein Haar. Verwirrt, erschreckt, erkannte sie der Götter List und sah nicht, wer der Rechte sei, und sprach bei sich:

«Die altbekannten Götterzeichen, wie sie uns überliefert sind, ich kann sie nicht entdecken!» Und immer wieder prüfte sie von allen Seiten die Gestalten, doch wen auch ihre Blicke trafen, stets schien Fürst Nala es zu sein.

Da nahm sie zu den Göttern selbst nun ihre Zuflucht im Gebet, und zitternd, ihre Hände faltend, sprach sie die Weltenhüter an:

«So wahr von mir Fürst Nala ward erkoren, da ich der Goldgans Rede hatt' vernommen, bei dieser Wahrheit mögen ihn die Götter mir auch zeigen! So wahr er von den Göttern mir zum Gatten ist bestimmt, der Herrscher von Nishadhaland, bei dieser Wahrheit müssen ihn die Götter mir auch zeigen und offenbaren ihre eigene Gestalt, die hohen

Weltenhüter, daß ich erkenne Nala Punyasloka, ihn, den Fürsten aller Männer, den Gatten, meinen Herrn!»

Als nun die Götter ihre Liebe sahen, ihr reines Herz und ihren Glauben an der Wahrheit Macht, da taten sie so wie gebeten und legten ihre Zeichen an, die himmlischen, die hohen Weltenhüter. So schaute Damayantî sie: in überirdisch reinem Glanz, berührend nicht den Erdengrund und schattenlos und staublos, auch mit immerfrischen Kränzen. Doch den Erwählten sah sie nun fest auf der Erde stehn, mit einem Schatten zugesellt und Erdenstaub auf dem Gewand und leicht gewelktem Kranze.

Da neigte sie sich zu ihm hin, berührend des Gewandes Saum und legte einen Blütenkranz um seinen Hals und wählte so ihn zum Gemahl.

Die Fürsten aber riefen Heil und Segen auf das Paar herab und lobten Damayantîs Wahl und priesen Nalas Glück.

Und Nala sprach zu Damayantî tief bewegt:

«Ich grüße dich als dein Gemahl! Wie hoch hast du, o Holde, hier den Sterblichen in Göttergegenwart geehrt! Ergeben will ich deinem Worte sein, und ehren will ich dich, nie will ich von dir weichen, solang ich Leben habe!»

Und beide neigten vor den Göttern sich. Die Götter aber, wohlgesinnt, acht Gaben schenkten Nala sie: der Götter König machte ihm sein Auge hell, daß er die Gottheit selbst beim Opfer gegenwärtig sähe, und gab ihm unvergleichlich königlichen Gang, kein Hindernis sollt' ihn bedrücken - und Agni gab ihm Feuermacht, dem Wunsche nach, und Feuerräume schadlos zu betreten – Varuna schenkte ihm des Wassers Gegenwart, wo immer er es wünsche, und Kränze, duftend und mit ewig frischen Blüten, den hohen Göttern gleich, zu tragen - und Yama gab die Kraft, an der Gerechtigkeit, der Fürsten edle Zier, treu festzuhalten, dazu die Gabe, Speise unvergleichlich köstlich zu bereiten.

Zusammen schenkten sie ein Kinderpaar.

Vom Himmel fiel ein Blütenregen. Die Götter aber gingen fort, nachdem die Gaben sie gespendet; und auch die Fürsten kehrten heim und zogen ihres Weges hin, auf welchem sie gekommen.

Und König Bhîma ließ die Hochzeit rüsten und vermählen Nala

Punyasloka, des Virasena starken Sohn, mit Damayantî, die der Lotosblüte gleich, der Schönsten dieser Welt.

Als Nala eine Zeit an König Bhîmas Hof geweilt, zog er mit seiner Gattin heim. Und in Nishadha lebten sie vereint und freudevoll, wie Indra lebt mit Saci, seiner Gattin. In schönen Wäldern, blütenreichen Hainen, so wandelte Nala der Fürst, wie einer der Unsterblichen, mit Damayantî, seiner herrlichen Gemahlin. Mit Damayantî, der Lotosäugigen, zeugte Nala Indrasêna, den Sohn, und Indrasênâ, die Tochter.

Geliebt von seinem Volke, so herrschte er dem Rechte nach und glänzend wie die Sonne selbst und endete wie Yayati, Nahushas Sproß, das heiliggroße Rosseopfer, und opferte der andern Opfer viele.

Also herrschte Nala der Fürst über die Fürsten der Welt und über die schätzetragende Erde.

Als aber nun die Weltenhüter nach Damayantîs Gattenwahl heimkehrten in den Götterhimmel, begegneten sie zwei Dämonen: Kali, dem finstern Würfelgeiste, der in Begleitung von Dvâpara nach Vidarbha zog. Die Götter hielten ihre Tiere an, und Indra fragte sie:

«Sagt, wohin reiset ihr Dämonen?»

«Wir ziehen nach Vidarbhaland zu Damayantîs Gattenwahl»; so spach Kali, der böse Geist, «mein Herz verlor ich an die Schöne!»

Da lachte Indra laut und sprach:

«Die Gattenwahl ist lange schon vollbracht! Soeben kommen wir von dort. Vor unsren Augen und mit unserm Willen hat sie, die Schönste dieser Welt, den Fürsten Nala sich erkoren, des Virasena starken Sohn, den Herrscher von Nishadha!»

Da fluchte Kali, der Dämon, mit Bosheit angefüllt und Wut, der schönen Damayantî und ihrem herrlichen Gemahl:

«So möge sie, die die Unsterblichen verschmäht, da sie vor ihnen sich den Sterblichen erkor, auch so den Schwächen jenes Sterblichen voll ausgeliefert sein und schwere Leiden noch ertragen! Den Nala aber will von seinem Thron ich stürzen! Nicht soll er sich an seiner Gattin freun! Ich will nicht ruhn, bis er im Elend ist!»

«O Kali, hüte dich, den edlen Nala zu verfluchen und Damayantî, die der Lotosblüte gleicht! Welch Sterbliche erwählte Nala nicht, den Männerfürsten, der untadlig ist, den Kenner der vier Veden! An seinem Opfer haben stets wir uns gesättigt und erquickt. Mit allen Tugenden ist er begabt. Welch Weib erwählte ihn, den Tigerstarken, zum Gemahle nicht! O Kali, wer dem Nala flucht und seiner lieblichen Gemahlin, dem wird sein Fluch sich widerkehren und ihn am Ende selber noch verderben! Hör, Kali, auf mein Wort!»

Doch Kali, er mißachtete des hohen Indra Rede und sprach, nachdem die Götter fortgezogen:

«Vernimm, o Dvâpara, was ich dir sage: laß nach Nishadha uns jetzt ziehn, und wohnen will ich dort, bis ich den Augenblick erspäht, da ich das Königspaar verderbe; du aber fahr in Pushkaras, des Nala Bruder, Würfelspiel und hilf, daß ich mein Werk vollbringe!»

So hauste Kali lange Zeit, sein Wesen treibend, lauernd im Nishadhaland, und endlich fand im zwölften Jahr er die Gelegenheit: als Nala abends schlafen ging, vollzog er nicht gewissenhaft der Waschung und Gebete Pflicht; der böse Geist gewann die Macht und nahm von ihm Besitz. In seiner Brust, da wohnte er fortan, und Nalas edler Tugendsinn begann sich zu verdüstern.

Pushkara aber, der bislang zufrieden in der Stadt gelebt, die ihm sein Bruder zugewiesen, ihn suchte Kali heim im Traum und sprach mit bösem Flüstern:

«Eile, o Pushkara, eile und vergiß die Würfel nicht! Zieh zu Nala schnell und spiele! Spiel um Gold und Gut und Schätze, Rind und Roß und Elefant, um Sklavinnen, den Königsthron; spiel mit ihm um das Reich! Warum sollst du nicht herrschen dort, Pushkara, an des Nala statt? Auf, und vergiß die Würfel nicht!»

Pushkara zog zu Nala nun und rief ihn auf zum Würfelspiel. Und Nala, unter Kalis Zwang, verspielte zügellos sein Gut. Nichts hielt ihn ab von seinem Tun; die Bitten seiner Gattin nicht, die Bitten seiner Freunde nicht und nicht die Bitten seiner trauervollen Untertanen.

«Es ist nicht unser König mehr!» so klagten sie zutiefst verstört und mieden seine Gegenwart.

Jedoch das Spiel ging fort und fort und währte viele Monde lang, und Damayantî, voller Grauen, sie hörte jene Würfel rollen, die Spiel um Spiel, tagein, tagaus, das Glück von ihrem Gatten wandten. Vergeblich mühten sich die Edlen, die Räte und der Freunde Schar, den Fürsten von dem Wahn zu lösen und seinem hemmungslosen Tun; jedoch umsonst - er wandte nicht das Angesicht, und schwer betrübt verließen jene den Palast. Und noch ein zweites Mal versuchten sie auf Damayantîs Bitten dem Spielbesessenen zu nahen. Er achtete auch diesmal nicht des Grußes noch der Rede, und Damayantî, tief beschämt, zog sich ins Frauenhaus zurück.

Als gramerfüllt sie so erkannt des Gatten unheilbaren Wahn, befürchtend seines Reichs Verlust, da sandte Vrihatsênâ sie, die treue Amme, aus, Vârshnêya, ihres Gatten Wagenlenker, herzuführen, und sprach zu ihm, als eilig er genaht:

«Des Königs Gunst, Vârshnêya, hast du stets besessen; so hilf ihm denn in dieser Not! Ich seh', daß er nicht bei sich ist, er weiß nicht, was er tut – groß Unheil, fürcht' ich, bringt er über uns und Volk und Land. Noch ist das Leibgespann sein Eigen, und auch der Wagen ist noch sein! Geh, spanne, ehe sie vertan, die Rosse an den Wagen an und führe mir die Kinder fort zum Hofe meiner Eltern hin, dort wohne, wenn du magst, doch magst du's nicht, so zieh, wohin du willst, nur rette mir das Kinderpaar!»

Nachdem die Räte dem Beschlusse zugestimmt, verließ Vârshnêya eilig den Palast.

Betrauernd seines Fürsten Los, bracht' er die Kinder nach Kundina hin; doch blieb er nicht an Bhîmas Hof, er zog zu den Kosalern, verdingte in Ayôdhyâ sich an König Rituparnas Hof als dessen Rosselenker.

Nachdem Vârshnêya fortgezogen, verlor Fürst Nala ganz sein Reich und alle seine Schätze.

Pushkara aber lachte bös und rief:

«Das Spiel mag weitergehn! Was setzest du, Fürst ohne Land? Nur Damayantî ist noch dein; um sie geh jetzt das Spiel!»

Da ward des Nala Herz zerrissen in Schmerz, und er erwiderte kein Wort. Stumm warf er allen seinen Schmuck dem Bruder vor die Füße hin. Mit einem Tuche nur bekleidet, verließ er den Palast, dem unermeßnen Reichtum nun den Rücken kehrend. Und Damayantî, angetan mit einem Sari nur, sie folgte ihm voll Trauer.

Pushkara aber ließ verkünden:

«Wer Nala aufnimmt und sein Weib, der soll den Tod erleiden!» Ob dieser Rede fand das edle Paar nicht Schutz noch Hilfe in der Stadt. So zogen sie am dritten Tag durch Wälder und durch Dschungel fort und nährten sich von Wasser nur, von Wurzeln und von Beeren und hungerten gar manchen Tag.

Doch einmal sahen sie ein goldgeflügelt Vogelpaar auf einem Aste sitzen. Und Nala, er warf sein Gewand, die Vögel zu erbeuten. Die Vögel aber flogen hoch und rissen mit sich das Gewand. Mit Menschenstimmen kreischten sie zum Nackten voller Hohn herab:

«Die Würfel sind wir, o du Tor und König ohne Land! Wir sind dir nachgeflogen, zu holen das Gewand, das du zu Unrecht uns entzogen!»

Da klagte König Nala laut:

«O Damayantî, meine Holde, das Unheil sucht mich heim! Sieh, Vögel sind geworden nun, durch die ich hab' das Reich verloren, um deretwillen du nun hungern mußt. Die Würfel nahmen mein Gewand! Wie elend ist, die ich beschützen wollt', verloren hab' ich den Verstand! Ach, Unglück ist, wohin ich gehe nur und ist es auch für dich, und darum merke wohl auf das, was ich jetzt sage: viel Wege führen hin nach Dakshinâpatha, wohl über das Gebirg der Bären, Rikshavant, ins südliche Kosala, vorüber auch an Ujjayinî und durch die hohen Vindhyaberge, hinab zum heil'gen Tâpîflusse. Er strömet dort im Süden, die Ufer reich an Wurzeln und an Früchten, belebt von heiligen Brahmanen. Doch dieser Weg dort führt dich ins Vidarbhaland, wo noch dein Vater Bhîma herrschet, hochgeehrt, der Mächtige.»

Und weiterwandernd zeigte Nala Damayantî, und immer wieder, alle Wege ins Vidarbhareich.

Doch Damayantî sprach mit tränenschwerer Stimme:

«Wie weisest du, mein Fürst, mir noch und noch die Pfade nach Vidarbha hin. Wie könnt' ich dich verlassen, des Reichs beraubt, von Hunger matt, gewandlos, sonnenbrandgequält! Sieh, lindern will ich dir dein Leid in diesem grauenvollen Wald!»

«Wahr ist's, kein Freund gleicht in der Not wohl einer treuen Gattin. Trost bist du Holde mir im Leid, nie will ich dich verlassen!»

«Dein Wille ist es sicher nicht, daß du mich hier verlassen willst. Wie leicht mag aber es geschehn, daß wiederum dich Wahn befällt, und du verläßt mich doch! Laß uns, o Fürst, zusammen nach Vidarbha ziehen. Dort unter meines Vaters Bhîma Schutz, da würden wir in Frieden wohnen.»

«Ich kann und will dorthin nicht gehn. Wie machtvoll, hochgeehrt, wie freudevoll bin ich mit dir von dort gegangen und soll vor deinen Vater treten und sagen: ‹Sieh, o edler Fürst, die Tochter hier im Leid ... Der Gatte hat sein Reich verspielt› - nein, lieber will ich in den Wäldern hausen!»

So zogen beide hier und da und nährten sich gar kümmerlich. Und eines Tages fanden sie im tiefen Tigerschlangenwald verlassen eine Hütte. Dort ließen sie sich nieder, zu rasten und zu ruhn. Und Damayantî, schwer erschöpft, sie fiel in einen tiefen Schlaf. Doch Nala – er fand keine Ruhe. Mit kummerschwerem Herzen lag er und grübelte. Ob seines Reichsverlustes – des Bruders schändlichem Verrat – erwog er dies und das: was ist zu tun, was nicht zu tun, ist sterben besser oder leben? Verzicht' auf Umgang mit den Menschen ich? Vielleicht ist ohne meines Unglücks Gegenwart der Gattin Los ein bess'res bald, wer kann der Tugendhaften schaden? – Und immer wieder kam ihm der Gedanke, und immer fester wurde sein Entschluß, von Damayantî sich zu trennen. Und er erhob sich sacht und schlich umher und fand im Grase draußen bei der Hütte ein altes, scheideloses Schwert. Damit schnitt er die Hälfte sich von Damayantîs Sari ab und eilte rasch hinweg. Des Kali Zwang trieb ihn zu solchem Tun. Jedoch sein Herz zog ihn zurück, und weinend sah auf Damayantî er hinab:

«Ach, wie wird der Holden sein, wenn sie erwacht im wilden Wald und ist allein, verlassen von dem Gatten! Nie hat Wind und Sonnenglut meine Geliebte berührt. Nun liegt sie da in halbem Kleid auf harter Erde, hungernd und erschöpft. O mögen dich die Götter all beschützen, du tugendhafte, reine Frau, die Rudras und die Vasavas und die Adityas allzumal!»

So eilte Nala denn hinweg, verblendet durch des Kali Macht, und kehrte mehrmals noch zurück, jedoch der böse Würfelgeist behielt die Oberhand.

Als Damayantî, aufgewacht, nun ihren Gatten nicht mehr sah, da sprang sie hoch, entdeckend das zerschnittene Gewand, lief um die Hütte hier und da und rief mit lautem Jammerton:

«O mein Gemahl! Wo bist du, Fürst! O mein Gebieter, mein Beschützer, warum verlässest du mich hier in diesem schauervollen Wald! Gewiß treibst du nur Scherz – so zeig dich doch! Ich seh' dich nicht! Wie kann es sein, daß du dein schlummernd Weib verläßt! In Göttergegenwart versprachest du: Nie will ich von Dir weichen! O treibe weiter nicht den Scherz, o mein Geliebter, zeig dich mir!»

Doch Damayantîs Klagen alle verhallten ungehört im wilden Wald. Da lief sie blindlings, schreckverstört und rufend, weinend, immer weiter, immer tiefer in den grauenvollen Wald; doch ihren Gatten fand sie nicht.

«O Herr der Könige», so klagte sie, «ich weine nicht um mich. Um dich nur weine ich. Wer wird dich trösten nun in deinem Leid, in deiner Jammerlage? Denn nicht durch dich kam solch Verhängnis über uns, du edler, guter Mann. Drum, welches Wesen dir solch furchtbare Verwünschung angetan, daß du, mein Fürst, von solchem Leide wirst gequält, dem Wesen möge tausendmal mehr Leid noch werden als jetzt unser Leid! O welches Wesen meinem reingesinnten Nala dies angetan, ein freudeloses Dasein soll ihm werden immerdar!»

Und weiter, ziellos, rannte suchend sie umher und rief und horchte - doch vergebens - und blind von Tränen und von Schmerz geriet in die Gewalt sie einer ungeheuren Schlange und ward von ihr umstrickt. Und selbst in diesem Augenblick gedachte sie des Gatten nur:

«Wie wird dir, mein Geliebter, sein, wenn du, von deinem Wahn befreit, dereinst an deine Gattin denkst, die du beschützen wolltest ...

Es schweifte aber zu der Zeit dort in dem Tigerschlangenwald ein wilder dunkler Jäger. Der sah, wie Damayantî ward umstrickt und spaltete den Schlangenkopf und schnitt den Schlangenleib entzwei. Von der Umschlingung machte er sie frei und wusch sie und erquickte sie mit Speise und mit Wasser.

«Sag mir, du Schöngazellenauge, wie kommst du in den wilden Wald?»

Und Damayantî, sie erzählte, wie es ihr war ergangen, und weinte sehr.

Der Dunkle aber sah sie an und sah, wie schön sie war in ihrem halben Kleide, so jugendzart und so vollkommen, die ringsum Feine mit den schönen Brauen und ihrem schönen Mal, die Lotusäugige, mit ihrer holden Stimme.

Da fiel der Dunkle in des Kama Bande und tröstete die Liebliche mit zärtlich-glatter Rede. Doch Damayantî, dies bemerkend, sie ward von Zorn erfaßt. Der wilde Jäger aber sann, wie er sie wohl besiege, und daß nur mit Gewalt die Tugendhafte zu besitzen sei. Als Damayantî so erkannt, die Leidgequälte, des Bösen schändliches Begehren, da stieß den Üblen sie hinweg und fluchte ihm und rief:

«So wahr ich keines andern Mannes denken kann als des Nishadhers nur, so wahr soll dieser Schändliche hier ohne Seele niederfallen!»

Kaum hatte sie das Wort gesprochen, da brach der Dunkle leblos hin, gleich einem blitzgetroff'nen Baum.

Und Damayantî irrte fort, den Gatten suchend in dem wilden Walde, wo Löwen, Tiger, Panther hausen, wo Vögel schrieen, Affen kreischten, wo der Insekten endloses Geschrille die Luft erfüllte ringsumher. Da sah sie manch Gebirg und manchen See und Teich und Fluß, und manche Höhle, manche Schlucht von wunderlicher Form; sie sah der Waldesherren himmelhohe Säulen von klammernden Lianen überdeckt, gestürzte Stämme, Farne, Bambusdickicht; und wucherndes Gesträuch, Gelaube und Geschlinge und dorniges Geranke allerwärts, und wirre Flechten, dichtverwachsne Wurzelfluren und scharfe Gräser und Geschilf und Sumpf; auch viele Wasservögel und Gewild, Gazellen, Pfauen und Geflügel und schleichendes Gewürm. Auch sah sie der Dämonen Schar, Rakshasas und der Naga Volk.

Voll Hoheit, Schönheit, treuem Tugendsinn, so zog die Edle ganz allein und suchte Nala nur und fürchtete sich nicht; wohl aber klagte sie um ihren Gatten.

Auf eine Felsenklippe trat sie weit hinaus und seufzte schwer und sprach:

«O du breitbrüstiger, starkarmiger Fürst der Nishadher, wohin bist du gegangen? Bedenke doch, was du dereinst in Göttergegenwart mir hast versprochen! Du, der die heil'gen Veden kennt, du, der das Asvamedha hat vollbracht, du König aller Könige, du, welcher stets die Wahrheit sprach, gedenkst du dessen noch, was einst die Goldgans uns gesagt! Warum gibst du nicht Antwort mir in dieser großen Einsamkeit? Dort nahet sich des Waldes Fürst, des Wildes stattlichstarker Herr, der weitmäulige, scharfzahnige, krallenbewaffnete Tiger: ihn will ich um dich fragen.

Sieh mich an, du edles Tier, du Wildes Herr! Ich bin des Königs Bhîma Kind, und Damayantî nennt man mich, die Gattin des Nishadhers. Sag mir, du bester aller Tiger, hast meinen Fürsten du gesehn hier in dem großen Walde, so sprich zu mir! Und sprichst du nicht, so töte mich, erlöse mich von meinem großen Leide!

Wohl hört der Tiere Herrscher all meine Klagen an; jedoch er wendet sich und geht zum Flusse hin ...

Weit draußen seh' ich einen Berg, hochragend über alle Dschungel. Auch ihn will ich um meinen Fürsten fragen.

Sei mir gegrüßt, gewalt'ger Berg, o ragend Haupt, getürmt aus buntem Felsgestein, von edlem Erz durchzogen; in deinen Wäldern birgst du Wild gar mannigfach, viel klare Wasser gehn von dir zu Tal, hoch aufgerichtet stehst du da, du König aller Berge! So wisse, daß ich Damayantî bin, den Gatten such' ich, meinen Herrn, den Herrscher von Nishadha. Hast du vielleicht, o bester Berg, wohl meinen Fürsten hier gesehn, gekleidet in ein halb Gewand, das er mir abgeschnitten? Ach, alles Glück ist mir entflohn, schwer bin ich heimgesucht. O tröste mich in meinem Leid, du schönster aller Berge!

Wenn du in diesem Walde weilst, mein König, o so zeig dich mir, gib Antwort deiner Gattin! Wann wieder werd' ich hören deine Stimme, die tieftönende, weiche, leiserollendem Donner gleiche, der aus regenspendender Wolke dringt, wie du zu mir nur sprichst: Damayantî, meine Vidarbherin!»

Und weiter wanderte die Holde, drei Tage gegen Mitternacht. Da sah sie einen Büßerhain, wie sie noch keinen je gesehn. Als wie ein Götterhain, so war er anzuschaun. Und Damayantî sah die Scharen mancherlei Getiers, Gazellen, Vögel; auch Affen, die im Baumgezweig ihr Wesen trieben. Die Büßer aber, sinngezügelt und beständig, enthaltsam, hochbeseligt, rein: sie glichen Vasishta und Atri und Bhrigu und nährten sich von welken Blättern nur, von Wasser und von Wind. Und Damayantî sah dies alles und atmete erleichtert auf. So trat sie zu den Büßern hin, verneigte sich in ehrfurchtsvollem Gruß.

«Sei uns willkommen!» sprachen jene, «und setze dich und ruh dich aus, sag, können wir dir helfen?»

«Ergeht's euch wohl, ihr heil'gen Männer, bei euren Feuern, euren Tieren, bei allem eurem Tugendwerk?»

«Wohlergehn ist ringsumher, du edle, reine Frau. Doch sprich nur, was ist dein Begehr? Wir sind des Staunens voll ob deiner Schöne. Bist du die Gottheit hier von Berg und Wald und Fluß?»

«Ach, ich bin nur ein Menschenweib und suche meinen Fürsten; und Damayantî nennt man mich, des Königs Bhîma Tochter und Gattin des Nishadhers, des Virasena starkem Sohne, des Punyasloka, meinem Herrn.»

Und sie erzählte nun den Heiligen, wie es ihr war ergangen ... des Gatten Wahn ... das unheilvolle Würfelspiel ... und wie er sie im Wald verlassen mit abgeschnittenem Gewand.

«Ach, wenn ich lang noch suchen muß und finde meinen Gatten nicht, dann sterb' ich sicher bald.» So jammerte die Liebliche.

Es sprachen aber jene Büßer, nachdem sie alles angehört:

«O Holde, wisse, daß ob unsrer großen Buße es uns gegeben ist, die Zukunft zu erschauen. Ja, den Nishadher, deinen Gatten, du wirst ihn dereinst wiedersehn! Kein Wahn wird ihn umstricken. Von Sünden frei, in großem Glanz, so wird der Beste unter den Gerechten der Feinde Nacken beugen und leuchtend, wie die Sonne selbst, von neuem im

Nishadhalande herrschen!»

So sprachen jene heil'gen Büßer und schwanden drauf vor Damayantîs Augen hin; mit ihren Tieren, ihren Feuern, dem ganzen wundersamen Hain.

Und wieder stand die Liebliche allein und wanderte und suchte nach dem Gatten; doch hatte sie der Trost der Büßer, die ihr so wunderbar erschienen waren, beruhigt und erquickt.

Darauf kam sie zu einer andern Gegend hin und sah dort in dem Walde einen Baum, den schönsten aller Bäume, den herrlichen Ashôka stehn. In voller Pracht, so stand er da und war mit Knospen überdeckt, gar lieblich war er anzuschaun in seinem roten Blätterkleid.

«Wie strahlest du, o schöner Baum, in dieser Waldestiefe mit deinen Blütenkränzen! Dem Bergeskönig bist du zu vergleichen, du vogelsangdurchtönter Baum! Auch dich will ich um meinen Fürsten fragen. O du gebenedeiter Baum, hast du vielleicht den König ohne Tadel, den Bändiger der Feinde, den Herrscher von Nishadha, meinen Gatten hier gesehn? O führe du in Wahrheit deinen Namen und löse mich von meinem Leid!»

Also sprach Damayantî und umwandelte huldigend den ringsum schönen Ashôka.

So irrte Damayantî in den Wäldern gar eine lange Zeit. Und eines Tags kam sie an einen Fluß. Breit strömte er dahin, und Röhricht wuchs an beiden Ufern. Viel Wasservögel lebten dort, und in den Fluten zogen Fisch und Schlange ihre Bahn, und schöne Inseln lagen in dem Strom.

Da sah sie eine große Karawane, von Elefanten, Rossen, Ochsenwagen, und dicht gedrängt, den klaren Fluß durchqueren. Und so trat Damayantî, die Feine mit den bienendunklen Augen, nun zu den Menschen wieder ... Doch jammerwürdig war sie anzuschaun: mit aufgelöstem Haar und abgehärmt und staubbedeckt, mit einer Hälfte des Gewandes nur, so glich sie einer Irren. Die Menschen aber, wenig klug, so liefen einige davon, und andre lachten, manche auch verwünschten sie; doch die verständigsten, sie fragten mitleidvoll:

«Sag uns, wer bist du, Treffliche, sag uns, was tust du hier im Wald? Bist du vielleicht die Göttin hier vom Dschungel und vom Fluß? O schütze uns und schenk uns Heil und füge es, o Schöne, daß diese Karawane hier auch wohlbehalten weiterzieh!»

«Ach, fürchtet euch nur nicht vor mir. Ich bin ein Mensch, ganz so wie ihr, ich bin des Königs Bhîma Kind, die Gattin des Nishadherherrn, und suche meinen Fürsten. Habt ihr ihn irgendwo gesehn, so sagt es mir, ihr Freundlichen!»

«Gesehen hab' ich Tiger, Bären, auch Antilopen, Elefanten und Gazellen und andre Tiere viele; doch keine Menschen sah ich in dem ungeheuren Wald, so wahr uns Manibhadra gnädig sei!»

Dies sprach zu Damayantî Suci, der Karawanenführer.

«Wohin wollt ihr denn ziehen, sagt es mir?»

«Wir wollen in das Land der Cêdi ziehn. Subahu herrschet dort, der Wahrheit schauende Fürst.»

So zog denn Damayantî mit jener Karawane fort und war voll Sehnsucht nach dem Gatten.

Nach weiter Wanderung gelangte gegen Abend man an einen See, gar lieblich anzuschauen in dem schreckensvollen Wald. Von Lotosduft war rings die Luft erfüllt, an weichem Gras und Brennholz war kein Mangel. Nach Ruhe lechzten Mensch und Tier, so wählte man an diesem See den Rastplatz für die Nacht.

Als Mitternacht herangekommen und alles tief im Schlafe lag, da nahten wilde Elefanten, zu, trinken und zu baden dort in dem schönen Lotossee.

Sie witterten, durch Brunstrausch schwer gereizt, die Menschen und die Tiere dort und ihre zahmen Artgenossen, und wütend griffen sie die Karawane an. Geballten dunklen Wolken gleich, die mit Verderben angefüllt, als Ungewitter niedergehn, so überrannten sie den ganzen reichen Kaufmannszug, der ahnungslos in tiefer Ruhe lag. Ein schauerlich Geschrei erfüllte rings den Wald, und blind vom Schlafe noch, so stürzten Mensch und Tier entsetzt nach allen Seiten, und einer hinderte des andern Flucht. Zertreten wurden sie, mit Rüsseln wurden sie zerschlagen und viele auch durchbohrt vom Elefantenzahn. Nur wenige entkamen diesem schrecklichen Gemetzel, des Klagen die drei Welten ließ erzittern.

So fiel dort in der Nacht dem Angriff jener wilden Elefanten zum Opfer ganz die große Karawane.

Entsetzt, gelähmt von Furcht, so starrte Damayantî auf das Unheil ringsumher, dem sie wie durch ein Wunder war entgangen. Und als vorüber nun die Schreckensstunde, da hörte sie die wenigen, die unverletzt entronnen, in ihrer Nähe sprechen:

«Was taten wir, daß solches über uns gekommen? Hat nicht genugsam Manibhadra Ehre man erwiesen?»

«Hat man des dreigeaugten Shiva Sohn, Ganesha, nicht genügend Opfer dargebracht, daß er die Hindernisse tilge?»

«Gewiß ist es die Folge böser Vogelzeichen! Auch der Gestirne Ungunst mag es sein!»

«Nein, die Planeten standen günstig vor der Reise! Was kann es nur gewesen sein!»

Und andre riefen jetzt:

«Das Weib, das heute zu uns kam, wie eine Irre, angetan mit einem halben Kleide; von ihr, der Widerwärtigen, geht diese Schandtat aus! Gewiß ist eine Yakshi-Rakshasi-Nagini sie, das schändliche Dämonenweib, und hat nur Menschenglieder angenommen! Wenn wir sie finden, laßt mit Steinen und mit Schollen, mit Fäusten und mit Knüppeln sie zerschlagen, die uns verhext die reiche, wunderbare Karawane!»

Nachdem solch Rede sie vernommen, die sie so schwer beschuldigte, floh Damayantî gramerfüllt und barg sich tiefer im Gesträuch. Sie fürchtete, daß jene sich versünd'gen möchten, und voll Verzweiflung klagte sie:

«Weh mir, kein Glück ist, wo ich weile! Was habe ich getan, daß dieses Unglück mußt' geschehn? Warum blieb ich verschont? Ach, nichts auf Erden, nichts, was Menschen leiden, ist ohne Fügung; und doch hab' ich in Worten, Taten und Gedanken nie irgend Böses je getan, daß solches Unheil mußt' geschehn! Gewiß hab' ich in einem frühern Leben mich vergangen, daß ich so bitter büßen muß mit Trennung von den Kindern, von dem Gatten, ein schutzlos Weib, das hausen muß im wilden Wald, wo Schlangen und wo Tiger wohnen. Gewiß ist es der Götter Wille, der Lôkapâlas allesamt, die ich verschmäht um Nalas willen, ach, sicher ist es ihre Macht!»

Als nun die Schreckensnacht vergangen, da offenbarte sich im Morgenrot das Unglück dort an jenem Lotossee in seinem ganzen Jammer.

Wehklagend um den Vater, um den Sohn, den Bruder und den Freund, so ordneten die Überlebenden, die wenigen, der reichen Karawane kümmerliche Reste nun und schlugen Holz und rüsteten die Scheiterhaufen ihren Toten.

Dann zogen sie davon, verlassend jenen schreckensvollen Ort, der nun ward heimgesucht von Geiern und Schakalen und der Rakshasas furchterregenden Gestalten.

Und Damayantî, bleich gleich einem Neumondstreif, sie folgte der Davongezognen Spuren.

Nach vielen Tagen endlich kam sie in die Stadt der Cêdi, wo Subahu, der edle König, herrschte. In ihrem Aufzug glich sie einer Irren, so liefen ihr die Menschen nach, und so gelangte sie bis zum Palast. Dort sah von ihrer Dachterrasse sie des Königs Mutter.

Sogleich rief ihre Zofe sie und sprach:

«Geh hin und führe die Bedrängte dort eilig vor mein Angesicht! Wenn sie, die Ärmste, so gequält und ganz verstört, auch einer Irren gleicht, erkenn' ich ihre wunderbare Schönheit doch. Wohl unter meinem Schutze soll sie stehen, sie wird die Zierde meines Hofes sein, die Großgeäugte; gleich Lakshmi ist sie anzuschaun!»

Also ließ sie die Lästigen vertreiben und holte Damayantî in ihr Haus.

Voll Staunen sprach sie dann:

«Selbst in diesem Ungemach, das, wie ich sehe, über dich gekommen, trägst du die lieblichste Gestalt. Verkünde mir, wer du wohl bist, du Holde, denn deine Schönheit ist nicht menschengleich, obwohl du alles Schmuckes bist beraubt.»

«Ach Fürstin, eines Menschen Weib bin ich ja nur, dem Gatten bin ich treu ergeben. Aus gutem Haus bin ich; doch such' ich Dienst mir nach Belieben, denn ich hab' einen tugendhaften Herrn, dem durch des Schicksals Fügung alles Gut verloren ging. So zog er in den wilden Wald, ich zog mit ihm, zu trösten ihn, der nur mit einem Tuche angetan.

Auch dieses ging verloren. Viel Nächte schlief ich damals nicht. Doch als ich endlich, schwer erschöpft, in totengleichem Schlafe lag, verließ mein Gatte mich, von Wahn betört, und nahm die Hälfte meines Sari. Ihn suche ich verzweifelt! Und seh' ihn nicht und find' ihn nicht, den lotoskelchglänzenden Geliebten, den Herren meines Lebens!»

Und Damayantîs Augen füllten sich mit Tränen, sie brach in lautes Weinen aus.

«Wohne hier, du Liebliche, denn du gefällst mir sehr. Nach deinem Gatten laß ich suchen. Vielleicht find't er sogar hierher!»

«Nur unter der Bedingung darf ich weilen, so hab' ich es gelobt, nicht Speisereste will ich essen; von Beeren und von Wurzeln nähr' ich mich. Fußreinigung will ich nicht tun und auch mit Männnern sprechen nicht. So einer mich zum Weib begehrt, sei er gestraft von dir; und tut er es zum zweiten Mal, sei er getötet! Doch möcht' ich wohl Brahmanen sehn, um Kunde von dem Gatten zu erlangen. Willst du mir dies, o Fürstin, all gewähren, so will ich ohne Zaudern bei dir weilen!»

«Es sei, so wie du wünschest, wie dein Gelübde dir befiehlt, heil dir, du tugendhafte Frau!»

Und zu Sunanda, ihrer Tochter, sagte sie:

«Sei Freundin dieser Schönen hier und Schwester, und seid nun heiteren Sinnes.»

Sunanda, sie nahm Damayantîs Hand und sprach:

«Ich will dir sein wie eine Schwester, du Liebliche!» und führte sie zu den Gespielinnen.

Als Nala Damayantî so verlassen in jenem schreckensvollen Tigerschlangenwald, da irrte er umher wohl eine lange Zeit. Doch einmal fand er in dem wegelosen Wald ein mächtig Feuer brennen, das sich nicht breitete noch schwand, und eine heis're Stimme rief aus seiner Mitte:

«Komm herbei, o König Nala! Punyasloka, komm herbei!» So klang es fort und fort.

Und Nala, durch des Agni Gabe, vor allem Feuerbrand gefeit, betrat die große Lohe, die züngelnd um ihn flammte. Da sah inmitten dieser

Gluten er einen Nagakönig gekrümmt im Feuer liegen.

«O König Nala, rette mich!» Und bittend hob er seine Hände. «Wie lang hab' ich dich schon erwartet in dieser grauenvollen Glut. Ein Nagakönig bin ich, Karkotaka genannt, und in das Feuer hier gebannt. Gekränkt hab' ich den Weisen Nârada, den großen Brahmarishi, einst, den Heiligen; zum Narren hielt ich ihn. Da ward von dem Erzürnten ich mit diesem Fluch belegt:

‹Festgebannt sollst du nun sein, Karkotaka, in Feuersgluten, bis dermaleinst Nala, der Fürst, der Herrscher von Nishadhaland, hierher gelangt, des Reichs beraubt! Und ihm allein sei es gegeben, dich aus der Glut hinwegzutragen, dann soll der Fluch von dir genommen sein!›

O König Nala, um des Fluches willen kann ich mich nicht vom Flecke rühren und leide unermessne Qualen! Wie lang bist du erwartet schon! Gerufen hab' ich immerfort! O trage mich, du großer Held, aus dieser grauenvollen Glut! Freund will ich sein dir immerdar; auch werde ich ganz leicht dir sein!»

Bei diesen Worten ward der Nagakönig klein, ward fingerklein – und König Nala nahm ihn auf und trug ihn eilig aus der Glut, die hinter ihm zusammensank.

«Nun gehe noch zehn Schritte weit, eh' du mich niedersetzest, Glück will ich dir verleihen!»

Und Nala ging, so wie Karkotaka geheißen, da biß beim zehnten Schritt der Naga König Nala in die Stirn. Darauf schwand des Nala herrliche Gestalt, und er ward dunkel, klein und kurz von Armen, und keiner hätt' ihn mehr erkannt. Der Nagakönig aber ward so wie zuvor, halb Schlange und halb Mensch, gekrönt mit Kobrahauben.

Er sprach:

«Unkenntlich bist du nun gestaltet durch mich. Der aber, o Nishadher, durch den so schwere Leiden du erduldest, wird durch mein Gift noch ärger leiden müssen, es sei denn, er verlasse dich. Dir aber soll mein Gift nicht schaden! Getier mit spitzem Zahn soll dich nicht mehr gefährden, und keine Feinde und kein Gift soll Qualen dir bereiten, und in den Schlachten sollst du siegen allezeit! Zieh nach Ayôdhyâ nun, o Fürst, zu König Rituparna hin, denn dieser hat die Zahlenkunde, beherrschet auch die Würfelkunst. Er wird, wenn einst die Zeit gekommen, sie gegen deine Rossekunde tauschen und wird auch Freund dir sein, der Edle vom Ikshvâkustamm! Wenn würfelkundig du geworden, wirst du zu deiner Gattin kommen, zu deinen Kindern und zu deinem Reich! Doch wenn der Augenblick genaht, da du begehrst die einstige Gestalt zu schaun, umhülle dich mit dem Gewand, das ich dir gebe, und denke mein, und du wirst stattlich wie zuvor! Wahrheit ist, was ich sage, o Menschenfürst!»

Als er so Nala unterwiesen und das Gewand ihm hingegeben, verschwand der Nagakönig.

Und Nala, er begab, wie Karkotaka ihm geraten, sich auf den Weg in der Kosaler Reich. So zog am zehnten Tage er in Ayôdhyâ ein und nahte König Rituparna sich und sprach:

«Vâhuka nennt man mich, o Herrscher von Kosalaland. Gewandt bin ich im Rosselenken, auch kann, befragt mit schweren Fragen, ich in verworrnen Dingen Antwort geben. Was schwer ist zu vollbringen, stets will ich mich bemühen, es zu tun! O laß mich, König, dienen dir!»

«Weile, o Vâhuka, hier, wenn es dir so gefällt; und richte meine Rosse mir zu guten Rennern ab! Auf schnellste Fahrt steht allezeit mein Sinn. Zur Seite stehen sollen dir Vârshnêya und auch Jîvala. So laß an meinem Hofe es dir gefallen lange Zeit!»

So blieb denn König Nala wohnen in hohen Ehren, unerkannt, am Fürstenhofe zu Ayôdhyâ.

Doch wenn zur Nacht die Rosse ruhten, sang Nala ein gar traurig Lied; und sang es jeden Abend:

«Wohin hat in dem öden Walde die Holde ihren Schritt gelenkt? Wo mag sie sein, die Treue, Reine? Ob sie noch ihres Gatten denkt?»

Und einmal, da sprach Jîvala, als Nala wieder traurig sang:

«Wer ist sie, die du so beklagst? Sag, wessen Gattin soll sie sein?»

«Ein Narr ist's nur», sprach Vâhuka, «sein Name ist mir nicht bekannt; ich hörte es nur sagen. Er kam in großes Ungemach, sein treues Weib, es folgte ihm bis in den wilden Wald. Dort hat er sie verlassen. In einem schreckensvollen Wald, in einem Tigerschlangenwald! Ach, schwerlich ist sie noch am Leben! Allein, ein junges Weib – von Hunger und von Durst erschöpft - von einem Toren ward sie preisgegeben! An sie muß ich nun immer denken ...»

In solcher Art gedachte König Nala seiner Gattin Damayantî und wohnte unerkannt am Hofe des edlen Fürsten Rituparna.

Als Nala so sein Reich verloren, und Bhîma davon Kunde ward, da sandte er Brahmanen aus, das edle Paar zu suchen.

«Eintausend Rinder will ich geben, dazu ein Dorf wie eine Stadt, dem, der die Tochter mir entdeckt und Nala, ihren Gatten!» Also sprach Bhîma.

Und die Brahmanen, reich beschenkt, sie zogen fröhlich aus in die acht Gegenden des Himmels, zu suchen die Verschwundenen, jedoch wohin sie auch gelangten, sie fanden nicht das Königspaar.

Es forschte aber ein Brahmane im Cêdilande in der Königsstadt. Und als er im Palaste weilte, erblickte er die Langgesuchte; sah sie bei den Gespielinnen Sunandas weilen; doch ihre Schönheit war verborgen, wie Sonnenlicht sich hinter Wolken birgt.

So sah Sudêva, der Brahmane, sie, die Großgeäugte, abgehärmt, in Asche trauernd, und sprach bei sich:

«So wie ich vormals sie gesehn, der Gattin Kamas ist sie zu vergleichen, die Schlanke, die Schönhüftige. Nun ist sie wie die Vollmondnacht, wenn Rahu hat den Mond verschlungen. Welch Dasein führet doch die Arme, die ihres Gatten ist beraubt! Wenn ich sie sehe, schwarzgelockt und lotosblumenäugig, dann wird mein Herz gerührt von ihrem großen Kummer.»

So sprach Sudêva zu sich selbst und forschte nach Erkennungszeichen und trat an sie heran.

«O du Vidarbherin», so sagte er, «sei mir gegrüßt! Sudêva bin ich, deiner Brüder Freund. Auf deines Vaters Bhîma Wunsch hat man Brahmanen ausgesandt, dich und den Gatten aufzufinden. Den Eltern geht es wohl, auch deinen Brüdern und deinen Kindern allzumal!»

Und Damayantî, sie erkannte ihn, Sudêva, den Brahmanen, den Freund der Brüder, und weinte sehr.

So sah sie dort Sunanda weilen, und eilig ging zu ihrer Mutter sie.

Sunanda sprach:

«Die Fremde weint gar sehr, seit sie mit dem Brahmanen spricht, der heut' in den Palast gekommen. Wenn dir's gefällt, erfährst du, wer sie ist!»

Da ging die Mutter mit Sunanda aus dem Frauenhaus und ließ Sudêva zu sich bitten und sprach:

«Wes Gattin ist die Schöne, sprich, wes Tochter, sag es mir, Brahmane! Du kennst sie! Sage, wer sie ist!»

Da ließ Sudêva sich gemächlich nieder und kündete den Frauen, was sich zugetragen: von Damayantîs Gatten, von Nala, der sein Reich verloren; wie beide in den Wäldern seien verschwunden, und daß Fürst Bhîma nun Brahmanen ausgesandt, das edle Paar zu suchen.

«Und jene dort», so schloß er den Bericht, «die ich gesehn hier im Palast, an ihrem Mal, da hab' ich sie erkannt: verborgen wie der Mond von Wolken, so von der Trauer Asche ist verdeckt das Zeichen zwar, in ihrer Brauen Mitte; doch ward's von mir erschaut, das herrliche, von Brahma selbst gebildet.»

Da ging Sunanda hin zu Damayantî und wischte ihr die Asche von der Stirn. Und Damayantîs Mal, es leuchtete, wie Mondenbarke glänzt an wolkenlosem Himmel.

Kaum hatten Sunanda und auch die Mutter jenes Mal erblickt, da schlossen Damayantî sie in ihre Arme.

«O Damayantî!» rief die Fürstin aus, «dies Mal verrät dich mir! Der Schwester Tochter bist du, Holde. So wisse denn, daß wir vom König von Dasârna, von Sudaman, die Töchter sind. Sie ward vermählt mit Bhîma, deinem Vater; ich aber ward die Gattin Vîrabâhus. Sei nun bei uns, du Schwesterkind, hier in der Cêdi Reich, als seiest du in deinem Vaterhaus!»

Da neigte Damayantî sich:

«Gehütet ward, o Mutterschwester, als Unbekannte ich von dir, als sei ich deine Tochter selbst. Doch willst du Gutes mir erweisen, laß mich zu meinen Kindern nach Vidarbha ziehn!»

«Es sei so, wie du wünschest!» so sprach die Königsmutter und sandte Damayantî mit allem Wohl versehen, geschützt von einer Kriegerschar, heim ins Vidarbhaland.

Und dort empfing man sie mit großen Freuden und huldigte den Göttern und Brahmanen. Fürst Bhîma gab Sudêva tausend Rinder, ein Dorf und andre gute Gaben.

Doch eine Nacht nur rastete die Lotosschöne in ihrem Vaterhaus, da sprach zu ihrer Mutter sie:

«O Mutter, wenn du willst, daß ich am Leben bleibe; und Wahrheit ist, was ich dir sage, so lasset unverzüglich weiter suchen Nala, den Fürsten, meinen Herrn!»

Zu Bhîma ging sogleich die Mutter und sprach:

«O Fürst, die Tochter weint um ihren Gatten, hat abgetan die Scheu, hat seinen Namen ausgesprochen! Laß, o mein König, weiterhin nach Punyasloka suchen!»

Da wurden wiederum Brahmanen ausgesandt; doch traten sie, eh' sie die Stadt verließen, vor Damayantî hin, die ihnen einen Spruch mitgab auf ihren Weg.

«O Spieler, sag, wohin bist du gegangen, nachdem du das Gewand der Gattin hast zerschnitten? Im tiefen, wegelosen Wald der Tigerschlangen hast du die Treuergebene verlassen. Send einer Antwort Rede, o Geliebter, der Geliebten!

Und forschen sollet ihr in Dörfern, Städten und an Königshöfen, selbst in den Wäldern, wo die Büßer leben, und überall, wo Menschen weilen!

So aber einer Antwort gibt, ausforschen sollt ihr ihn genau, doch saget nie, wer euch gesandt! Die Antwort bringt mir schnell hierher!»

Nach Monden endlich kehrte ein Brahmane mit Namen Parnâda zurück und sprach:

«Bei meiner Suche nach dem Fürsten kam ich zur Stadt Ayôdhyâ hin, wo König Rituparna herrschet, des Bhangâsura edler Sohn. Dort sprach ich deine Rede so, wie überall zuvor ich sie gesprochen, doch niemand gab mir Antwort dort am Königshof, ob ich sie denn auch mehr als einmal sprach.

Als ich schon weiterwandern wollte, da hielt mich einer von des Königs Leuten an, ein Dunkler, Mißgestalteter mit kurzen Armen, doch wohlerfahren in der Rossekunde; auch sehr geschickt, die Speisen zu bereiten; Vâhuka benannt, der fragte mich nach meinem Wohlergehn. Er seufzte schwer und gab sodann mir heimlich Antwort deiner Rede. Vâhuka sprach:

‹Edle Frauen, tugendrein, die das Paradies erlangen; wenn ins Elend sie gegangen, werden durch sich selbst gehütet! Zürnen wird die Holde nicht ihrem reichsberaubten Gatten; Vögel nahmen sein Gewand! Zürnen wird die Edle nicht ihrem glückberaubten Gatten!›

Als ich des Mannes Wort gehört, bin eilig ich zurückgekehrt!»

Da ehrte Damayantî den Brahmanen mit Gaben viel und sprach:

«Noch reichern Lohn sollst du erhalten, wenn einst mein Fürst zurückgekommen; viel Gutes hast du mir getan!»

Und es zog der Brahmane Parnâda mit glückverheißender Rede hochbeseligt heim.

Und wiederum sprach Damayantî zu der Mutter:

«Erweis mir einen Liebesdienst, doch laß den Vater nicht drum wissen: Sudêva, den Brahmanen, will ich sprechen, er möge nach Ayôdhyâ ziehn, mir meinen Gatten herzubringen!»

Und als Sudêva war erschienen, erzählte Damayantî in der Mutter Gegenwart, was von Parnâda sie vernommen; und sprach zuletzt: «Ziehe, o Brahmane, zu den Kosalern nach Ayôdhyâ hin, an König Rituparnas Hof und laß verlauten dort die Mär, ganz wie von ungefähr: Wie, Herrscher von Kosala, weißt du nicht, daß König Bhîmas Tochter, Damayantî, zum zweiten Male eine Gattenwahl nun hält? Schon morgen ist der Tag. Von jenem Fürsten Nala weiß doch niemand, ob er noch am Leben ist!»

Da machte sich Sudêva heimlich auf und handelte, wie Damayantî ihn gebeten.

Sobald der Herrscher von Ayôdhyâ Sudêvas Rede hatt' vernommen, ging eilig er zu Vâhuka und sprach:

«Mein Sinn, o rossekundiger Vâhuka, steht nach Vidarbha heute noch zu eilen, denn morgen, habe ich gehört, hält König Bhîmas Kind, die schöne Damayantî, zum zweiten Male Gattenwahl!»

«Wie kann die Holde solches tun, die fromme, reingesinnte Frau!» So dachte Nala voller Schmerz. «Gewiß ist es ein Anschlag nur, den sie erdacht um meinetwillen. Doch schwankend ist gar oft der Frauen Sinn, und mein Verschulden war zu groß. Vielleicht hat sie der Kummer all verwirrt, die Liebliche? Wie hab' ich Bösewicht sie schwer gekränkt! Ja, fahren will ich, daß ich selber sehe, was Wahrheit ist, was nicht!» Er neigte sich vor Rituparna: «Es sei so, wie du wünschest, Fürst, du tigerstarker Held!»

So ging denn Nala zu den Rossen und wählte sorgsam sich die besten aus für lange Fahrt, gar feurige, von edler Zucht und frei von bösen Zeichen und windesschnell, am Sindhu waren sie geboren. Doch Rituparna mochte diese Rosse nicht, kurzatmig seien sie und schwach und nicht die rechten für solch weite Fahrt.

Jedoch Vâhuka sprach:

«Es sind die rechten, großer König, und werden eilen nach Vidarbha hin, denn sie allein, sie tragen die zehn Zeichen: eins an der Stirn, zwei auf der Brust und zwei auf ihrem Haupte, doch eines nur am Rücken hier, jedoch an beiden Weichen vier!»

«Du mußt es wissen, welche taugen! So spanne an, die dich die besten dünken!»

Als nun die Rosse angespannt, bestieg der König eilig seinen Wagen, und alle Tiere stürzten auf die Knie. Doch Nala streichelte die Rosse, da sprangen sie empor, begabt mit Feuer und mit Kraft und stampften freudig mit den Hufen und wieherten vor Lust. Nachdem Vârshnêya auch den Wagen mit bestiegen, trieb Nala jene Rosse an zu schnellstem Lauf, und wie geflügelt sprangen sie davon, daß sie selbst Nala außer Fassung brachten. Fürst Rituparna war erfreut, da er solch Rossekunde sah. Jedoch Vârshnêya fragte sich verwundert:

«Ist's Mâtali, ist's Sâlihôtra gar und Mensch geworden? Beherrschet Vâhuka die Kunst, so wie mein König einst; vielleicht ist er es selbst? Doch nein! Dies ist nicht Nala, nur sein Wissen ist's. Wohl wandeln oft großgeist'ge Helden, und von Verhängnis heimgesucht, ganz unerkannt auf dieser Erde ...»

So sann Vârshnêya hin und her.

So flogen sie vorüber an Seen, an Bergen, über Flüsse ... und einmal, da entfiel des Königs oberes Gewand. Obwohl sehr eilig, bat Vâhuka er, zu halten. Doch Nala sprach:

«Es liegt schon Meilen hinter dir, du kannst es nicht mehr holen!»

Und Rituparna sprach darauf:

«Nie ist das Wissen dieser Welt in einem Menschen nur vereint ... Du bist der Rossekunde Herr. Nun siehe auch von meiner Kunst: das Zahlenwissen nenn' ich mein! Siehst du da vorn den Vibhîtakabaum? Er trägt der Äste sieben, und Blätter fünf Millionen und zwei dabei; auch gleiche Frucht trägt jeder Ast, zusammen sind es zweimal tausend und einmal hundert wen'ger sieben.»

«Du sagst, o König, was sich nicht beweisen läßt, was ich nur glaube, wenn ich nachgezählt. Nicht klar ist mir, was richtig oder falsch!» Vâhuka hielt die Rosse an.

Der König aber rief erschrocken:

«Es ist nicht an der Zeit zu säumen, o Vâhuka! So glaub mir doch, daß ich besitze Zahl- und Würfelkunde!»

«Ich will die Früchte eines Astes zählen», sprach Nala da voll Eifer, «Vârshnêya mag die Rosse halten!» Und Nala schlug den untern Ast herab ... und wahrhaft zählte er an diesem Ast zweihundertneunundneunzig Früchte.

«Ein Zufall ist es ganz gewiß, den Baum, ich will ihn fällen und dann die ganzen Blätter zählen!»

Doch Rituparna rief verzweifelnd:

«So glaub mir doch, ich sagt' es schon, es sind der Blätter fünf Million und zwei dabei; und jener Ast, den du herabgeschlagen hast, er trug der Blätter siebten Teil, nur neun mal sieben sind herabgefallen bei dem Schlagen, die andern sind geblieben, wohl siebenhundertvierzehntausendzweihundertdreißig wen'ger sieben! O Vâhuka, so glaub mir doch! Ich will dir geben, was du willst, wenn du an König Bhîmas Hof mir heute noch die Sonne zeigst!»

«Ich möchte erst die Blätter zählen, fahr mit Vârshnêya nur allein; sonst gib die Zahlenkunde mir und nimm die Rossekunst dafür!»

«So nimm denn hin mein Zahlenwissen; es sei so, wie du sagst! Die Rossekunde gib mir später ...»

So gab denn König Rituparna Vâhuka all sein Zahlenwissen, und Nalas Auge wurde hell: mit einem Blick erfaßte er der Blätter Zahl wohl fünf Million und zwei dabei, mit denen die am Boden lagen; und Früchte sah er zweimal tausend und einmal hundert wen'ger sieben. Und als die Zahlenkunst er so beherrschte, da ging, gesehen nur von ihm, Kali, der böse Würfelgeist aus seinem Leib heraus gleich einem Rauch, des Karkotaka Gift ausspeiend immerfort. Da wich von Nala das Verwünschungsfeuer Kalis, und Nala war für eine Weile kaum mächtig seiner selbst. Als Kali alles Gift von sich gespieen, nahm seine ursprüngliche Form er wieder an.

Und Nala, wie er nun ansichtig ward des finstren Würfelgeistes, hob an in unermeßnem Zorn den Kali zu verfluchen.

Doch Kali, der Dämon, hob bittend seine Hände:

«Zügle deinen Zorn, o Fürst, Ruhm will ich dir verleihen! Wie schwer hab' ich gelitten schon an jenem Fluch, mit welchem deines Sohnes Mutter mich gestraft; wie hat mich grauenhaft gequält des Karkotaka fürchterliches Gift! Zu dir, Kshatriya, nehme meine Zuflucht ich! Den Menschen allen, die dich preisen, will nimmer ich verderblich nahn, o Punyasloka, edler Fürst, wenn du mich nicht verfluchen willst, mich, der so grausam ward gequält, der sich nun unter deinen Schutz begibt!»

Da zügelte Fürst Nala seinen Zorn, der Edle, der Großherzige, und Kali fuhr in jenen Vibhîtakabaum.

So ward denn Nala frei von seinem Wahn und trieb die windesschnellen Rosse nun voll Freude nach Vidarbha hin ... Nur war er noch getrennt von seiner eigenen Gestalt.

Und Nala fuhr mit König Rituparna und Vârshnêya in Kundina ein, lang eh' die Sonne unterging. Das Dröhnen des Gespannes durchhallte alle Gegenden des Himmels; und jene Rosse, welche einst die Kinder Nalas hergebracht, sie hörten wiederkennend das Getöse und sträubten sich und wieherten vor Lust. Die Königselefanten, sie trompeteten, und auf den Zinnen schrien die Pfauen laut und blickten himmelwärsts ob dieses Wagendonners, der ganz dem Grollen regenspendender Wolken glich.

Auch Damayantî hörte das Gedröhne und meinte, dieses Wagenrollen sei wie einst, da Nala noch die Rosse lenkte.

«Wie freut mein Herz sich ob des Wagendonners, der rings den Himmel und die Erde füllt! Es ist kein Zweifel, daß es mein Nishadher! Wenn ich nicht heute noch in seinen Armen bin, wenn nicht der löwengleiche, königliche Herr noch heut' an meine Seite tritt, so will ich gleich ins goldenglüh'nde Feuer gehn, ins opferzehrende! O, jetzt gedenk ich keiner Schmach und keiner Kränkung mehr, weiß nichts, was er verbrochen und ob er Falsches je gesprochen, der Edle, welcher alle Fürsten überragt ...»

So stieg sie auf die Höhe des Palastes und schaute in den Hof hinab, verlangend nach dem Anblick ihres Gatten.

Da sah sie Rituparna und Vârshnêya nur und einen Dunklen, Mißgestalteten mit kurzem Arm; und König Bhîma nahete, empfing den Gast verwundert, er ahnte nicht der Frauen List.

Und Rituparna sah kein Zeichen einer Gattenwahl; und auf des Bhîma freundlichen, erwartungsvollen Gruß sprach er, verlegen fast:

«Ich bin gekommen nur, o König, zu schaun nach deinem Wohlergehn!»

Doch König Bhîma lächelte bei sich ob solcher Rede; daß dies der wahre Grund nicht sei, erkannte er sogleich, und sagte sich, daß er ihn noch erführe.

So nahm er Rituparna gastlich auf, geleitete ihn in das Haus, und auch Vârshnêya ging hinweg. Vâhuka blieb alleine bei den Rossen. Er bracht' sie in den Stall, versorgte sie und setzte sich dann auf den Wagen.

Und Damayantî sah dies alles und sprach bei sich:

«Woher kam dieses Wagenrollen, das meines Gatten schien zu sein? Vielleicht hat er Vârshnêya einst die Kunst gelehrt? Vielleicht fährt Rituparna auch wie mein Nishadher ...?»

Da sandte sie ein treues, gutes Mädchen als Botin in den Hof hinab:

«Geh, o Kêsinî, und erkunde, wer jener Rosselenker ist, der dort im Hofe auf dem Wagen sitzt; und frage ihn nach seinem Wohlergehn! Und recht genau, woher er ist gekommen, und warum; und sprich den Spruch, du weißt ihn, welchen einst ich den Brahmanen aufgetragen, und merk auf seine Rede, du meine kluge Dienerin. Ich meine, es ist der Nishadher, mein König und Gemahl!»

Kêsinî ging zu Vâhuka und sprach:

«Willkommen, o Vortrefflicher, ich grüße dich! Vernimm durch mich hier meiner Herrin Rede: Wann seid ihr aufgebrochen und warum? Zu wissen wünscht es Damayantî!»

«Fürst Rituparna, der Kosaler, von Damayantîs zweiter Gattenwahl erhielt er Kunde. Schon morgen sei die Gattenwahl! Da ist mit windesschnellen Rossen er eilig aufgebrochen und mich, Vâhuka, nahm als Wagenlenker er.»

«Wer aber ist der dritte, sprich, der mit euch ist hierhergekommen?»

«Vârshnêya ist's, der einst des Nala Rosse lenkte; bei König Rituparna hat er sich verdingt, nachdem des Nala Kinder er hierher gebracht. So sagte er.»

«Weiß wohl Vârshnêya, wo Fürst Nala hingegangen?»

«Er weiß nicht, wo er ist, so sagte er es selber mir. Nur Nala weiß, wo Nala ist, und sie, die ihm am nächsten steht. Unerkannt und fern von seiner Wohlgestalt wandelt der Fürst, doch niemals tut er die Erkennungszeichen kund ...»

«Jüngst war am Hofe von Ayôdhyâ ein Brahmane, und er sprach diese Worte wiederholt dort zu den Menschen:

‹O Spieler, sag, wohin bist du gegangen, nachdem du das Gewand der Gattin hast zerschnitten? Im tiefen, wegelosen Wald der Tigerschlangen hast du die Treuergebene verlassen! Send einer Antwort Rede, o Geliebter, der Geliebten ...›

Sprich, hochgesinnter, nochmals jenen Spruch, den du, wie die Vidarbherin vernommen, dem heiligen Brahmanen hast gegeben; zu hören wünscht ihn Damayantî!»

Da sagte Nala mit erstickter Stimme:

«Edle Frauen, tugendrein, die das Paradies erlangen, wenn ins Elend sie gegangen, werden durch sich selbst gehütet! Zürnen wird die Holde nicht ihrem reichberaubten Gatten, Vögel nahmen sein Gewand! Zürnen wird die Edle nicht ihrem glückberaubten Gatten!»

So sprach Fürst Nala voller Gram, und seine Augen füllten sich mit Tränen.

Da ging Kêsinî hin zu Damayantî, und treulich richtete sie alles, was sich zugetragen, aus.

Als Damayantî so vernommen, wie das Gemüt des Rosselenkers tief bewegt, sprach sie:

«Er ist doch mein Gemahl, allein es sind nicht seine Glieder. Geh, o Kêsinî, kluge Feine, und forsche weiter noch nach Zeichen; erspähe mir sein Tun: bald kommt die Zeit, daß er die Speisen richtet. Trag Sorge, daß man ihm kein Feuer gibt, auch Wasser nicht; und was sodann an überird'schen Zeichen du bemerkst, das sollst du mir berichten.»

Und da Kêsinî wiederkehrte, sprach sie:

«O Herrin, wie du anbefohlen, ward Feuer und auch Wasser ganz versagt dem fremden Mann. Doch nie zuvor hab' ich gesehn so Unerhörtes dieser Art. Denk nur, o Fürstin, geht zu niedrer Pforte er, so beuget er sein Haupt zum Durchgang nicht, die Höhen und die Weiten, sie fügen sich von selber ihm! Und blickt er in den leeren Krug, so schwillt das Wasser, wie er will! Und als das Holz er aufgeschichtet, ein wenig Stroh im letzten Sonnenstrahl fing Feuer ein. Das Wasser kochte oder ruhte und ganz nach seinem Willen! Und als er alles zubereitet, o Herrin, höre, welches Wunder ich erblickt': eine welke Blume nahm er auf und ließ sie durch die Finger gleiten; da hob sie blühend sich aus seiner Hand mit steifem Stengel, leuchtend, duftend, wie zuvor! Ein großes Wunder hab' ich da erschaut!»

«Er ist's, er muß es sein! Doch nicht begreif' ich die Erscheinung! Geh, meine schöne Dienerin, nimm von den Speisen, die er angerichtet, daß ich sie schmecke, wie nur er, mein Fürst, sie zubereitet!»

Nachdem Kêsinî Damayantîs Wunsch befolgt und Damayantî jene Speisen ausgekostet, sprach sie:

«Es ist kein Zweifel!»

So sandte sie Kêsinî mit ihren Kindern zu Vâhuka hin. Kaum sah Fürst Nala beide Kinder, da schloß er sie in seine Arme, sie, die gleich jungen Göttern anzuschaun. Sein Geist ward übermannt von Weh, er brach in Weinen aus. Als er Kêsinî aber sah, da ließ er schnell die Kinder los, bezwang den Schmerz und sprach:

«Es gleichet dieses Kinderpaar gar sehr den Kindern, die ich selber habe. Als ich so plötzlich sie erblickt', hab Tränen ich vergossen. Geh nun, du Treffliche, und komm nicht mehr hierher; gar übel möchten es die Menschen dir vermerken, sehn sie dich allzuoft hier bei dem fremden Mann! Geh nun, o Holde, hin in Frieden!»

Als Damayantî das Verhalten jenes Rosselenkers so erkundet, ging sie zu ihrer Mutter hin und sprach:

«O Mutter, ausgeforschet ward von mir, durch meine Zofe Kêsinî, der fremde Mann, der Wagenlenker, der mit dem Gaste aus Ayôdhyâ kam hierher, und sicher bin ich, daß der Fremde mein Gemahl! Und die Entscheidung werde nun herbeigeführt. Ich will es wissen, ob mein Gatte dieser Fremde ist! Er werde nun hierhergeholt mit Vaters Wissen oder nicht, sonst will ich selber zu ihm gehn, wenn er nicht zu mir kommen darf!»

Die Mutter ging zu ihrem Gatten, erzählte, was sich zugetragen, und es erteilte die Erlaubnis Bhîma, der Erdeherr.

Da wurde König Nala, und wider Willen fast, in Damayantîs Räume eingeführt. Und so erblickte Nala wieder Damayantî, in Asche trauernd und im Bußgewand und abgehärmt und bleich; und brennendheißer Schmerz durchfuhr den Fürsten, da er dieses sah.

Und Damayantî sprach erschüttert zu dem Mißgestalteten:

«Hast du, o Vâhuka, je einen Mann gesehn wie Nala, den Nishadherherrn, der heimlich in dem wilden Tigerschlangenwald sein schlummernd Weib verließ, nachdem in Göttergegenwart er hatt' versprochen: ‹Nie will ich von dir weichen›! Was habe ich verbrochen, sag es, o Vâhuka, ich, die um ihn die Götter einst verschmäht und die ich Kinder ihm geschenkt? Die Hand ergriff am Opferfeuer er und sprach: ‹Ich will dein Gatte sein ...!› O Vâhuka, was ist daraus geworden, sag es mir!» Und Tränen rannen aus den bienendunklen Augen.

Und Nala sprach mit schulderstickter Stimme:

«Daß dein Gemahl sein Reich verloren, das war nicht seine Schuld allein, es war des Kali, des Dämonen, boshaft Werk; auch daß er dich im Wald verließ. Doch sage mir, du Unglücksel'ge, wie kann ein gutes treues Weib, dem Gatten herzlich zugetan, wohl Boten senden durch das Land und überall verkünden lassen: es hält des Fürsten Bhîma Kind zum zweiten Male Gattenwahl. Deshalb fuhr Rituparna her und hat als Lenker mich genommen!»

Auf diesen Vorwurf sprach die Holde:

«Wie! Wollest du, o Fürst, mich mit Verdacht nicht kränken, um dich hab' ich die Götter einst verschmäht! Um dich zu suchen, sind Brahmanen ausgezogen, um dich hierherzulocken, ward die List ersonnen von einer zweiten Gattenwahl, denn keiner, o Nishadher, kann die Rosse lassen eilen wohl hundert Meilen an einem Tag! Bei dieser Wahrheit laß, mein Fürst, mich deine Füße nun berühren, so wahr ich keine Sünde hab' begangen, zum Zeugen rufe ich den Wind, die Sonne ruf' ich und den Mond, die Götter, so die Dreiwelt uns erhalten! Sie mögen meine Lebensgeister lösen, wenn ich ein Unrecht hab' getan!»

Da kam des Vayu Antwort aus den Lüften:

«Wir drei, die Damayantî angerufen, wir waren Hüter deiner Frau und Zeugen, der Listenreichen. Um dich allein hat diesen Anschlag sie ins Werk gesetzt. Sei nun vereint mit ihr in Frieden!»

Da tönten leise Götterpauken, und Blütenregen fiel herab ... Und Nala dachte des Karkotaka und seiner Rede ... Er hüllte sich in das Gewand, das jener ihm gegeben, und alsobald erhielt er seine frühere Gestalt ...

Als Damayantî solches sah, da schrie sie auf und stürzte zu dem Gatten hin, der sie umfing, befreit von seinem Wahn und seinem häßlichen Verdacht. Die Kinder kamen, Nala schloß sie in die Arme, und lange weilten sie so beieinander ...

Die Mutter aber ging zu ihrem Gatten, berichtete, wie Nala ward entdeckt; und dieser sprach:

«Wenn morgen früh Gebet und Reinigung vollbracht, dann will ich Nala sehn; mit seiner Gattin wiederum vereint, wird eine frohe Nacht er nun verbringen!»

Gereinigt von der Trauer Asche, von Kummer frei, so glänzte Damayantî wieder, die Großgeäugte, die Schönfarbene, die ringsum Feingliedrige, mit ihren schönen Brauen und ihrem schönen Mal. Gleich Lakshmi war sie anzuschaun, die Lotosäugige in ihres Gatten Armen. Traulich ruhten nun beisammen, wie Indra ruht mit Saci, seiner Gattin, Nala, der Tigerstarke, und Damayantî, die Schönhüftige, und sie erzählten einander die Abenteuer im Walde, die ganze, schreckensvolle Irrfahrt. Und wieder spannte Kamadêva, um Blumenpfeile zu versenden, seinen Bogen, des Sehne ist aus Bienen, aus summenden, gebildet; und ihre Wünsche wurden nun erfüllt. So wie Getreide, halbgereift, von langersehntem Regen wird erquickt, so wurden nun erquickt Nala und Damayantî.

Am andern Tage suchte Nala mit seiner Gattin Damayantî Bhîma, den Erdeherrscher, auf, ihm seine Ehrfurcht zu bezeigen. Und König Bhîma, freudevoll, nahm Nala auf wie seinen Sohn.

Das Volk, erfaßt von großer Freude, ob König Nalas Wiederkehr, es schmückte Kundina so schön, daß alles rings in Kranzgewinden, in Blüten und in Bannern prangte. Man opferte an allen heil'gen Feuerstätten und ehrte Götter und Brahmanen.

Als Rituparna nun vernommen, wie in des Vâhuka Gestalt, der wenigschönen, Fürst Nala war verborgen und wie er ward entdeckt, da nahte er ihm freudig und sprach:

«O mögest Nala, großer König, du glücklich leben immerdar! Wenn jemals Kränkung, ungewollt, in meinem Hause du erfahren, verzeihe dem, der Punyasloka nicht erkannt!»

«Nicht Kränkung ward mir, Fürst, in deinem Hause; und selbst wenn es so wär', wie könnt' ich zürnen dem, der freundlich dem Beraubten, dem Mißgestalteten, den Frieden seines Hauses hat gewährt? Laß nun, o König, Rossekunde dir verleihen, so wie ich es versprochen, du tigerstarker Held!»

Und König Nala gab, den Regeln nach, Fürst Rituparna all sein Wissen von den Rossen hin.

Fürst Rituparna flog darauf, mit windesgleichen Rossen, nun voll Freude nach Ayôdhyâ hin ... Den Vibhîtakabaum jedoch sah er verdorrt ... Vârshnêya aber blieb bei König Nala und war sein Rosselenker wie zuvor.

Doch Nala, würfelkundig nun, brach auf, sein Reich von neuem zu gewinnen. Mit einem kleinen Heere nur, mit einem Wagen, fünfzig Rossen, doch sechzehn starken Elefanten, zog überraschend ein in seiner Königsstadt Nala, der Männerfürst. Er trat vor seinen Bruder hin, der zornentbrannte Virasenasohn.

Nala sprach:

«Auf, Bruder, auf zu neuem Spiel, denn neues Gut hab' ich erworben! Pflicht ist's, ein Gegenspiel mir zu gewähren! Wenn aber du das Spiel nicht wünschest, so mögen Waffen hier entscheiden, sei's Wurfring oder Keule, sei's Bogen oder Schwert!

Es muß ein Reich auf jede Weise, und sei es selbst durch List, zurückerobert werden; so lehren es die Alten. Entschließe dich, o Pushkara, zum Würfelspiele oder Kampf!»

Pushkara lachte laut und rief:

«Die Schätze, die du dir gewonnen, sie werden meine Schätze mehren, nur Damayantî fehlt an meinem Glück! Oft hab' ich dein gedacht, wann du wohl kommst, sie herzuführen!»

Da röteten des Nala Augen sich in Wut. Er spürte große Lust, dem Übermütigen sogleich das Haupt zu spalten; jedoch beherrschend sich, sprach lächelnd er zum Bruder:

«Ich setze alles ein, was mein, dagegen setzest du das Reich und alles, was darinnen, dich selber auch!»

«So werd' ich Damayantî bald in meine Arme schließen! An meiner Seite wird sie ruhn, wie eine Apsara bei Indra ruht, die zierliche, die schlanke, die tadelfreie Damayantî!»

«Wenn du, wahnwitz'ger Schwätzer, hast verloren, dann wirst du nicht mehr prahlen!»

Da ward denn dieses Spiel begonnen, und gleich beim ersten Gange schon gewann der Virasenasohn sein Reich zurück, der Würfelkundige, die Perlen und die Schätze.

Zum Bruder, seinem Sklaven nun, sprach er:

«Mein ist das Reich, am Boden liegen seine Feinde! Begehrlich wirst du nimmermehr den Blick auf Damayantî richten! Für eine Weile, eine kleine, schien das Nishadherreich dir zu gehören, doch hattest du, o Tor, es nicht gewonnen, es war der Würfelgeister böses Werk! Drum will ich rächen nicht an dir dein schlimmes Tun. Verziehen sei, was du verbrachst, kehr heim in deine Stadt und sei mein Bruder wie zuvor!»

Und wie er näher nun dem Staunenden berichtet, wie alles sich gefügt, da schmolz Pushkaras Trotz dahin.

«O Nala Punyasloka!» rief er aus, verehrend seines Bruders Füße, «viel Glück und langes Leben wünsch' ich dir auf deinem Thron, du Hochgesinnter! Nie, ehrlich will ich es gestehn, hab ich den Frieden meiner Seele hier gefunden, da du ins Elend gingst! Als Büßer laß mich ziehn dorthin, wo sich die Fluten der Jamuna und der Ganga einen; an heil'gem Ort mich reinigen von großer Schuld; und dann zufrieden leben in der Stadt, die du mir gibst, o König; und lebe du der Jahre tausend!»

So wurde Nala, der Nishadher, von neuem seines Reiches Herr. Er holte Damayantî heim, die Leidgeprüfte, Treue; sein Kinderpaar, gleich jungen Göttern anzuschaun.

Geschmückt mit allem Königsschmuck und strahlend im Juwelenglanz, so herrschte nun, dem Rechte nach, und leuchtend wie die Sonne selbst, Nala, der Männerfürst, geliebt von seinem Volk.

Er opferte der Opfer viele, der Veda- und Vedangakenner und huldigte den Göttern, wie es Brauch.

Also herrschte Nala, der Fürst, hochgeehrt wiederum unter den Fürsten von Jambudvipa, über die schätzetragende Erde, über die schätzeerfüllte Welt.

Namen und Worterklärungen

Adityas	12 Kinder der Aditi, verkörpern die Himmelskräfte; Varuna, Vishnu, Mitra, usw.
Agni	Gott des Feuers
Apsaras	himmlische Nymphen
Asoka	kummerlos, Jonesia Asoka
Atri	Brahmarishi
Asvamedha	Roßopfer. Pferd wird ausgewählt, freigelassen, König folgt mit dem Heer. Bei Betreten eines fremden Reiches muß dessen König Oberherrschaft anerkennen oder kämpfen. Kommt nach Durchführung der Herrschaft über die Erde gleich.
Ayôdhyâ	heutiges Audh. Nordkosala
Balavritrahan	Vernichter der Dämonen Bala und Vritra, welche Nebel und Gewitterdunkel personifizieren.
Bhîma	der Furchtbare in seiner Kraft
Bhrigu	Brahmarishi

Brahmarishis	Söhne Brahmas, göttergleiche Weise
Brahmane	Angehöriger der höchsten Kaste, «wissender» Priester
Cêdi	Land im Altertum, Bandelakhanda
Dâitya und Dánava	verkörpern rohe Naturkräfte
Dakshinâpatha	Südland, Dekhan
Dasârna	Zehnburgenland, Zentralindien, südöstlich von Madhyadêsa
Dvâpara	Würfeldämon, verkörpert mit Kali die Verliererwürfe. Kali: ein; Dvâpara: zwei Würfelaugen. Abgeleitet von den vier Weltzeitaltern Krita, Treta, Dvâpara, Kali.
Ganesha	Gott der Weisheit. Sohn des Shiva, mit Elefantenkopf, einem Stoßzahn. Als Vignêsvara Gebieter über die Hindernisse. Angerufen bei Beginn einer Reise sowie am Anfang eines Buches.
Gandharvas	himmlische Spielleute
Himavant	Himalaya
Hutâsana	Opferverzehrer, Name Agnis
Indra	Gott des Gewitters, Götterkönig
Kali	siehe Dvâpara
Kama (-déva)	indischer Liebesgott

Kshatriya	zweithöchste Kaste der Könige: Krieger, Beschützer
Lakshmi	Schönheit und Glück. Gemahlin Vishnus
Lôkapâlas	Weltenhüter
Maghavan	der Gabenreiche, Name Indras
Manibhadra	Patron der Reisenden
Mâtali	Indras Wagenlenker
Nagas	halb Schlange, halb Mensch, bewachen die niederen Regionen
Nârada	Brahmarishi, Götterbote
Nishadha	Lage unbekannt. Zwischen Ujjayini, Avanti, Indraprastha (Delhi?)
Punyasloka	Mann mit reinem Ruf
Rahu	Dämon der Mondfinsternis
Rakshasas	böse Geister, Leichendämonen
Rikshavant	Quellgebiet der Narmada
Rishi	weiser, gelehrter Einsiedler
Rudras	Söhne des Rudra (acht), Verkörperung der Sturmwinde
Sâlihôtra	Patron der Wagenlenker, ein Rishi

Saci	Gemahlin Indras
Sindhu	Indus
Svayamvara	die Gattenwahl einer Kshatriyaprinzessin
Tâpî, Tapati	Die Milchwarme. Durch Opfer berühmter Fluß. Mündet in den Golf von Cambay.
Varuna	Gott der Gewässer
Vasavas	Personifikationen verschiedener Naturerscheinungen
Vayu	der Wind
Veda	Wissen. Vier Vedas: Rigveda, Sâmaveda, Yajurveda, Atharvaveda; die ältesten indischen Schriften
Vibhîtakabaum	Terminalia Bellerica
Virasena	Heldenheer
Yaksha	schätzebewachender Geist
Yama	Gott des Todes und der Gerechtigkeit

NALA UND DAMAYANTÎ

Eine aphoristische Betrachtung
von
Walter Johannes Stein

Die Geschichte von König Nala und von der schönsten und edelsten der Frauen, Damayantî, die einander gefunden, verloren und wiedergefunden haben, gehört zu jenen großen bedeutsamen Erzählungen der Weltliteratur, die so bewegend sind, weil wir spüren, daß eine tiefe Wahrheit in ihnen ruht. In die Schilderung wirklicher Geschehnisse ist, wie in den wahren Märchen, etwas Ewiges hineinverwoben, das untrennbar mit jedem Menschenleben verknüpft ist – ein Ewiges, dem wir überall und zu allen Zeiten begegnen, weil es immer wieder in Erscheinung tritt und gerade in seinen vielfältigen und verschiedenartigen Erscheinungsweisen seinen Ewigkeitsgehalt verkündet.

Die Geschichte von Nala und Damayantî erzählt in hymnischer Art von einer Liebe, die weit über den Tod hinausreicht, denn ein Leben auf Erden kann nicht völlig umspannen, was die beiden Hauptgestalten zu durchleben haben.

Die Erzählung ist in das "Mahâbhârata" eingefügt, jenes umfassende indische Weisheitsepos, in welchem tiefe Mysterien des menschlichen Denkens, Fühlens und Wollens verborgen sind.

Der Erzähler unserer Dichtung ist fest von der Tatsache der wiederholten Erdenleben überzeugt. Das Schicksal wirkt für ihn von einem Leben in das nächste hinüber. Er würde sonst Damayantî nicht Worte wie die folgenden, mit denen sie sich im Unglück zu trösten versucht, in den

Mund legen: „Ach, nichts auf Erden, nichts, was Menschen leiden, ist ohne Fügung; und doch hab' ich in Worten, Taten und Gedanken nie irgend Böses je getan, daß solches Unheil mußt' gescheh'n! Gewiß hab' ich in einem frühern Leben mich vergangen, daß ich so bitter büßen muß mit Trennung von den Kindern, von dem Gatten..."

Dieses Motiv hebt die faszinierende und abenteuerreiche Erzählung zu einer Höhe empor, von der aus eine umfassende Weltanschauung gewonnen werden kann und Schicksalsrätsel ihre Lösung finden.

Nala und Damayantî lieben einander, noch ehe sie sich von Angesicht zu Angesicht gesehen haben. Er ist der mächtige König der Nishadas, sie die schönste Frau im Reiche ihres Vaters, des mächtigen Königs Bhîma.

Die beiden waren vom Schicksal für einander bestimmt, und von Göttern wurden sie zusammengeführt. Wiederholt hörten sie von den Tugenden des andern reden, und die Liebe begann ihre Herzen zu entzünden, noch bevor sie sich mit physischen Augen gesehen hatten. Wie sich Nala seiner Liebe immer bewußter wurde, fing er eines Tages eine goldgefiederte Wildgans. Und der Vogel, der geflügelte Götterbote, sprach zu ihm: „O König Nala, laß mich frei! Ich weiß, daß du an Damayantî denkst, die Schöne im Vidarbhaland, und wahr ist es gewiß: sie ist die lieblichste, die tugendhafteste von allen. Mit den Gefährten will ich zu ihr ziehn, und preisen will ich dich, daß sie an keinen andern denken kann als nur an dich."

So wurde der Vogel zum Liebesboten zwischen den zweien. Damayantî vergnügte sich gerade mit ihren hundert Gespielinnen im Garten des väterlichen Palastes, als viele Vögel erschienen, wie goldgefiederte Schwäne anzusehen. Jedes der Mädchen haschte nach einem der Zaubervögel; und Damayantî lief jenem nach, der von Nala hergeflogen war. Und nachdem ihr die Wildgans ganz nahe gekommen war, begann sie mit menschlicher Stimme zu reden – und sprach ihr von Nala.

Darauf wurde sie traurig und sehnsüchtig, was auch ihrem Vater auffiel. Die Ereignisse verliefen dann so, daß angekündigt wurde, es werde ein Gemahl für sie erwählt werden. Alle Prinzen, die ihrer würdig waren, sollten um ihre Hand anhalten, doch werde die Schlußentscheidung ganz ihr selbst überlassen bleiben.

Da wurde sie wieder glücklich, denn sie wußte, wen sie wählen würde.

Doch nicht nur in dieser indischen Erzählung finden wir die Vorstellung von Liebe, die durch Hörensagen entsteht und bei der die Liebenden durch einen göttlichen Boten zusammengebracht werden, der in Gestalt eines Vogels mit goldenen Flügeln erscheint. Auch in irischen Sagen taucht diese Vorstellung auf. Allerdings ist uns die ursprüngliche irische Fassung der betreffenden Sagendichtung nicht erhalten geblieben; doch ein mittelhochdeutscher Text erzählt uns von der Liebe zwischen Kudrun und Herwig. Ihre Geschichte wird uns im "Kudrunlied" erzählt und spielt in Irland. Kudrun ist die nordische oder hybernische Damayantî. Der nordische Nala ist König Herwig: er ist König von Seeland, und seine Geschichte spielt sich zwischen der dänischen und der irischen See ab.

Wir hören im "Kudrunlied"[1]:

"Als die Jungfraue die Stimme vernahm,
da wollte sie nicht glauben, daß je also zahm
sich der wilde Vogel zum Reden bequeme.
Sie hörte seine Stimme, als ob aus eines
Menschen Mund sie käme. /
Da sprach der hehre Engel: 'Du magst dich Glücks versehen:
Dir so Heimatfernen wird Frohes bald geschehen.
Willst du mich befragen nach deiner Freunde Lande,
ich bin der Deinen Bote: Gott schickt mich dir zum Trost
nach diesem Strande.' "

Der Vogel erscheint also dem Mädchen und verkündet ihm künftige Liebe. Im sechsten Abenteuer erzählt die Dichtung auch von Horand, einem Sänger, der als Liebesbote eines Königs auftritt und in dessen

Gesang der Wind und das Gemurmel der Wellen mitschwingen, so daß das lauschende Mädchen in elementarischer Art von Liebe zu den fernen, noch ungesehenen König ergriffen wird:

"Wer ist dein Herre? Wie ist er genannt?
Trägt er eine Krone und hat er eigen Land?
Ich bin ihm dir zuliebe hold, ich will's gestehen."

Auch von magischer Macht über die Natur und ihre Lebewesen zeugt Horands Gesang:

"Die Tiere in dem Walde die Weide ließen stehen;
die Würme, die da sollten in dem Grase gehn,
die Fische, die da sollten in dem Wasser fließen,
verließen ihre Fährte. Er verstand sein Können zu genießen."

Dieselbe magische Macht des Gesangs über die Natur finden wir bereits in der orphischen Dichtung von Apollonius von Rhodios, der "Argonautika", beschrieben. So steht auch Orpheus gewissermaßen hinter der irischen Dichtung. Er ist ja der gewaltige Herrscher der Elemente; seiner Musik gehorchen die Tiere, und sogar die Gebirge bilden sich im Einklang mit seinem Gesang.

In ähnlicher Weise wie Orpheus und Horand soll nun auch Nala Herr über die vier Elemente werden. Und von der selben Welt, die dem griechischen Altertum als Sphäre von Orpheus und Eurydike bekannt war, kündet die indische Erzählung. Es ist die Sphäre, die den Liebenden selbst nach dem Tode ermöglicht, die Erinnerung aneinander zu bewahren, und sogar, wenn weitere Leben und Tode sie scheiden, können sie sich später wiedererkennen, auch wenn sie sich in ganz anderer Gestalt gegenübertreten. So erkennt Damayantî am Ende der Erzählung ihren Gatten wieder, obwohl er in verzauberter Gestalt, mit verkürzten Gliedmaßen und häßlichem Aussehen vor sie hintritt.

Der Schlangengott, den Nala trifft und der ihn in eine andere Gestalt verzaubert, ist nichts anderes als jene Kraft, die die Griechen Hekate nennen, die Gottheit der Verwandlung. Doch die Dichtung zeigt, daß nicht Schönheit und äußere Gestalt, sondern Güte und Treue dasjenige ist, was, alle Wandlung überdauernd, ewig währt.

Dieses Verwandlungsmotiv, das einer erfahrbaren Wirklichkeit entspricht, ist nicht von einem Volk dem anderen entlehnt worden, sondern in ganz eigenständiger Weise gleichermaßen bei Griechen, Hyberniern und Indern aus dem inneren Erleben hervorgewachsen. Die Ähnlichkeit der Motive zeigt nur, daß dasjenige, was erzählt wird, allgemeinmenschlichen Charakter trägt und der Gemeinbesitz aller strebenden Menschenseelen ist. So sind Nala und Damayantî für uns ein indisches oder vielmehr das indische Beispiel für etwas, was jedes Volk verstehen, bewundern und lieben kann. Sie könnten auch zu anderen Zeiten und in anderen Völkern auftreten, denn sie haben mit dem tiefsten und kostbarsten Ewigkeitskern des Menschen zu tun.

Im "Kudrunlied" werden uns drei Liebesgeschichten erzählt. Auf den ersten Blick scheinen sie nichts miteinander zu tun zu haben. Doch in Wirklichkeit stellen sie drei Entwicklungsstufen der Liebe dar. Der Dichter hat sie miteinander verwoben, um den Fortschritt der Menschheitsentwicklung sichtbar zu machen.

Die meisten Menschen glauben, daß sich die Menschheit zwar in bezug auf technische Erfindungen, Regierungsformen und ähnliches entwickle, daß so etwas wie die Liebesfähigkeit sich aber seit Adam und Eva mehr oder weniger gleich geblieben sei. Dies ist jedoch keineswegs der Fall, und dieser so weit verbreitete Irrtum kann uns gerade zeigen, wie wenig doch die meisten Menschen von jenen Dingen verstehen, die so intim mit unserem Alltagsleben verknüpft sind. Die Liebe hat sich im Laufe der Jahrhunderte ebenso gewandelt wie alles übrige.

In vorgeschichtlichen Zeiten war die Liebe keineswegs eine persönliche oder individuelle Angelegenheit. Die Menschen liebten nicht den einzelnen anderen Menschen, sondern seinen Zusammenhang mit einer bestimmten Blutsgemeinschaft. Dies war die Zeit der Verwandtenliebe. Später änderte sich das. Man begann, gleichsam in geographischer Weise zu lieben: man liebte sich, weil man im anderen Menschen die Wirksamkeit der Elemente Erde, Wasser, Luft und Wärme in der spezifischen Art erlebte, wie sie eben einem ganz bestimmten geographischen Landstrich eigen ist. Die Götter der Elemente (manchmal auch durch die Götter der Jahreszeiten ersetzt) waren die Ehevermittler. Erst danach erscheint die dritte Entwicklungsstufe der Liebe, die individuelle Liebe. Rassen- oder Blutliebe; Liebe, die durch die Elemente bedingt ist; individuelle Liebe – dies sind die drei Entwicklungsphasen dieser Seelenkraft.

Die Erzählung von Nala und Damayantî wie auch das "Kudrunlied" zeigen uns den Übergang von der zweiten zur dritten Stufe. Zunächst halten die Götter der Elemente um Damayantîs Hand an, erst dann kann sie von Nala, dem Mann ihrer Wahl, gewonnen werden. Doch die individuelle Liebe muß durch Prüfungen und Leid hindurchgehen, wovon die ersten beiden Entwicklungsstufen der Liebe noch verschont waren. Die Leiden von Nala und Damayantî zeigen, welchen Preis der Mensch zu bezahlen hat, wenn die Liebe individualisiert werden soll. Aus diesem Grunde ist die Erzählung gerade an jenem Punkt des "Mahâbhârata" eingefügt, an dem Yudishtira, der Held der ganzen Dichtung, die Frage stellt: „Bin ich nicht der unglücklichste aller Menschen? Hat jemals ein anderer gelitten wie ich? Keinen unglücklicheren gibt es als mich." Und der Weise Vrihadasva antwortet ihm: „O König, höre! Ich will dir von einem König erzählen, der noch viel unglücklicher war als du selbst." Und damit beginnt die Geschichte von Nala und Damayantî.

So ist diese Erzählung eigentlich eine Trosterzählung. Nicht vereint zu sein mit dem, was man liebt, ist Leiden. Vereint zu sein mit dem, was man nicht liebt, ist Leiden. Diese Aussprüche des großen Gautama Buddha durchatmen die ganze Erzählung. Auch Geburt ist Leiden, und Tod ist Leiden, und auch das Altwerden, das zur Veränderung der physischen Menschengestalt führt, ist Leiden. Doch das "Mahâbhârata" fügt zu diesen Wahrheiten noch die folgende hinzu: alle diese Leiden werden von der Liebe überdauert. Denn die wirkliche Liebe ist eine Form der Erkenntnis des anderen Menschen, die jegliche Hindernisse, die sich auftürmen mögen, zu durchdringen vermag: Tod, Krankheit, äußere Trennung.

So führt uns das "Mahâbhârata" in tiefe Geheimnisse hinein. Nala gewinnt Damayantî, verliert sie dann aber wieder, und was besonders rätselhaft ist: er verliert sie auf anscheinend freiwillige Weise, indem er sie verläßt. Wie kann so etwas geschehen? Die Frage zieht sich durch die ganze Erzählung. Dieses Motiv zieht sich aber auch durch die gesamte Weltliteratur. Theseus verläßt Ariadne. Doch Dionysos findet die Verlassene wieder. Parzival verläßt Kondwiramur ...

Doch in Wahrheit ist es ein Gott, der Nala von der Geliebten trennt, und der durch Damayantîs Fluch fest in dessen Leib gebannt wurde: Kali. Solange Kali in Nala wohnt, so lange dauert die Trennung. Wer ist dieser Gott, der sich schließlich im Vibhîtakabaum inkarniert, nachdem Nala alle seine Blätter, Zweige und Früchte gezählt hatte? Der Gott, der in den Zahlen wohnt, das heißt in der Ordnung der Dinge, hatte ja von Nala Besitz ergreifen können, als dieser einmal eine religiöse Regel verletzte, als er ein bestimmtes Reinigungsritual vergaß: da wurde der Nishaderfürst zum Spieler, und Nala vergaß seiner Liebe. Doch gibt es auch Mysterien des Würfelspiels, und wer eine Individualität werden will, muß mit ihnen bekannt sein. Denn Individuen können gezählt werden; und wer einmal Individuum geworden ist, gewinnt und verliert. Und so bekommt er es mit Kali zu tun, für welchen die Menschen nur Zahlen sind, mit welchen das Schicksal spielt.

Doch damit haben wir dem Gang der Erzählung weit vorgegriffen. Wir haben von Liebe und Trennung gesprochen und vom Wiederfinden und haben noch gar nicht richtig dargestellt, wie Damayantîs Gattenwahl vor sich ging und wie sie dazu kam, Nala zu erwählen. Wir sind damit von der Erzählordnung abgewichen und haben uns wahrscheinlich den Zorn Kalis zugezogen.

Kehren wir also ordnungsgemäß zur Erzählung zurück, um Kali wieder zu besänftigen.

Damayantî war so schön, daß die Götter eines Tages bemerkten, daß ihre Lieblinge in den Tempeln und an den Gebetsorten fehlten. Und als sie nachforschten, was die Ursache davon sei, erfuhren sie, daß alle

Prinzen und Edelleute der Erde als Kandidaten zu Damayantîs Selbstwahl hinfuhren. Und als sie sahen, wie sie solcher Art vernachläßigt wurden, sprachen sie: wenn alles zu jenem Orte strömt und alle Aufmerksamkeit dahin gerichtet wird, so wollen auch wir hinfahren; auch wir wollen um Damayantîs Liebe werben. Und so zogen auch die Götter der vier Elemente hin: Agni, der Gott des Feuers, Indra, der Gott der Luft, Varuna, der Beherrscher des Wassers, und Yama, der Gott des Todes oder der Erde.

Und unterwegs begegnete ihnen Nala; sie grüßten ihn und fragten, ob er ihnen dienen wolle. Und nachdem er zugesagt hatte, beauftragten sie ihn damit, für sie um Damayantîs Hand anzuhalten.

Dies war eine bittere Prüfung, denn nun mußte er sein eigenes Begehren hinopfern. Doch Damayantî entschied sich dennoch für ihn. Er, der die schwere Prüfung des Göttergehorsams bestanden hatte, wurde erwählt, obwohl er sein eigenes Ansinnen aufgegeben hatte.

Doch die Wahl war nicht leicht für sie. Denn die vier Götter hatten alle Nalas Gestalt angenommen, und so standen fünf Bewerber vor ihr, und Damayantî wußte zunächst nicht, welches der wirkliche Nala war.

Da betete sie zu den Göttern, sie mögen ihr offenbaren, was göttlicher und was menschlicher Art war. Und die Götter, voller Mitleid für sie und gerührt von Nalas Gehorsam, gaben sich zu erkennen. Ihre Gestalten warfen nämlich keine Schatten, keine Schweißtropfen standen ihnen auf den Brauen, und kein Staub bedeckte ihre Füße.

Damayantî aber ging auf Nala zu und erkannte ihn an den Zeichen seiner Erdenreise: er war staubbedeckt und trug Schweiß auf der Braue. Und so wählte sie die Erdengestalt in Erdenliebe, wies die Götter zurück und war doch zugleich voller Dankbarkeit gegen sie. Weder in Gedanken, Worten oder Taten hatte sie sie beleidigt. Und die Götter der Elemente nickten zustimmend und zogen sich zurück; individuelle Erdenliebe war in Erscheinung getreten.

Doch Nala strebte fort. Kali flüsterte ihm ein, sich dem Würfelspiel zu ergeben, und er verspielte alles. So ist es auch mit dem individuellen Ich: es geht Risiken ein und nimmt das Schicksal in die eigene Hand. Und die Würfel rollen.

Der einzelne indessen, der das Eigenschicksal darlebt, kann auch das Schicksal jener gefährden, die ihm liebend verbunden sind. Das muß Nala erleben. Er hat nicht nur sich selbst, sondern auch Damayantî ins Unglück gebracht. Arm und verstoßen folgt sie ihm in den Wald. Er, der durch Vererbung König wurde, ist als Einzelmensch ein Bettler geworden. Und als Bettler geht er in die Wildnis. Ist es nicht besser, überlegt er, ich verlasse Damayantî? Sie wird den Weg zu ihren Verwandten zurückfinden; zu ihrem Vater, dem König, zu ihrer Mutter und der ganzen Familie. Und so verläßt er sie im Walde. Er will den Weg allein fortsetzen, ohne sie, denn er bemerkt, daß er ihr Schicksal ruiniert. Alles würde er tun, um sie vor den Schlangen und Waldtieren zu schützen. Doch er kann sie nur noch verlassen. Damayantî schläft im Walde weiter. Wie Ariadne auf Naxos bleibt sie im Schlafe zurück.

Welch ein Erwachen! Nicht die Gefahr und die Einsamkeit sind das Schlimmste für sie. Nein: Sie kann nicht begreifen, was geschehen ist! Sie kann nicht mehr in die alten Lebensgewohnheiten zurückkehren; sie kann nicht einfach nach Hause zurück; auch sie ist Einzelmensch mit einem Einzelschicksal geworden, auch sie muß vorwärts schreiten. Und was sie im folgenden durchmacht, ist der Inhalt vieler Erdenleben. Ihre Erlebnisse haben in einem einzigen kurzen Leben gar nicht Platz. Auch sie muß erfahren, daß sie jenen Unglück bringt, die ihr Schutz gewähren. So wird sie von den Mysterien des Schicksals bedrängt. Denn der Einzelmensch stört die Gemeinschaft all jener, die noch in Wohnwagen herumziehen und ihre Individualität noch nicht entwickelt haben. Davon erzählt uns diese Geschichte, und sie erzählt auch, wie die Verwandten die arme, flüchtige Damayantî schließlich wieder aufnehmen.

Doch Nala geht in die Fremde. Er begegnet dem Schlangenkönig, der im Feuer wohnt. Und damit begegnet er den Kräften der Verwandlung, die ihn zu ergreifen beginnen. Doch er muß lernen, sie unter Kontrolle zu bringen. Wie Moses dem Gott im Feuer begegnet, der spricht „Ich bin 'Der-Ich-Bin' in dir“, so ergeht es auch Nala. Aus den reinigenden Flammen beginnt das „Ich- Bin“ zu tönen. Und wie Moses die zehn Gebote empfängt, so muß Nala zehn Schritte tun, und der zehnte Schritt wird mit einem Wort bezeichnet, das auch „Biß“ bedeutet, und bei diesem Schritt beißt ihn die Schlange. Die zehn Schritte sind die zehn Stufen der rein physischen Verwandlung, so wie die zehn Gebote die Regeln sind, an die sich derjenige halten muß, der den Körper seiner Kinder und Kindeskinder zu einem geeigneten Träger des „Ich-Bin"-Impulses machen will. Doch der Schlangenbiß stellt den Übergang zu einer spirituellen Umwandlung dar. Die Schlange wird darauf unsichtbar, denn die Entwicklung geht nun von der physischen zur geistigen Ebene über.

Nun muß Nala lernen, die vier Elemente zu beherrschen. Er muß lernen, das Feuer, das rein und keusch hinter der Braue des Eingeweihten brennt, durch Atmung und Zirkulation in die Gliedmaßen hinunterzutragen, bis es die Knochen erreicht. Und wenn er dies vermag, wenn er den Körper durch den Geist beherrschen kann, dann kann er den Weg zu Damayantî wiederfinden. Mit den Zauberverrichtungen, durch welche die vier Elemente unter Kontrolle gebracht werden, schließt dann der Prozeß des Wiedererkennens zwischen Nala und Damayantî, als sich beide Seelen, nach langer Zeit, wiederfinden.

Nalas Weg ist der Weg dessen, der zuerst den Elementen dient, am Ende aber Herr über sie ist; der die Götter verliert, um das Göttliche im Menschen zum Leben zu erwecken. Zunächst aber muß er Leid erleben, wie jene, die ihm verbunden ist. Damayantî tritt, nachdem sie aus dem Dschungel errettet worden ist, in die Dienste der Schwester ihrer Mutter, ohne erkannt zu werden. Im fremden Königshaus verlebt sie in Kummer ihre Tage. Die vorindividuelle Gemeinschaft des Familienverbandes trägt unser Leben eben nur solange, bis sich der Einzelmensch geltend zu machen beginnt.

Nala wird nach seiner Verwandlung durch die Schlange ein Pferdezähmer und Wagenlenker, für einen König, der alles zählt und der die Wissenschaft der Zahlen beherrscht. Auch die Zahlen sind Wesenheiten, aber unpersönliche Wesenheiten, Wesenheiten ohne Ich. Wenn ein General seine Soldaten mustert, sieht er nur Zahlen in ihnen: „drei Mann", und nicht, wie es die Mutter erlebt: „meine drei Söhne". Denn immer, wenn man ein Individuum in unpersönlicher Art von außen betrachtet, wird es zur Zahl. Für die Götter sind Menschen Zahlen. Ihr

Schicksal ist eine Frage der Berechnung. Die weit verzweigten Menschenschicksale erscheinen als Blätter, Zweige und Früchte eines Baumes. Der Vibhîtakabaum ist der Baum des Schicksals. An den Ästen hängen die Ergebnisse unserer früheren Erdenleben wie nutzlose ungenießbare Früchte. Sie scheinen keinen Sinn zu haben. Doch durch neue Leben wird ihnen wieder ein Sinn verliehen. Inmitten der Hetze des Lebens müssen wir innehalten, um seine tausend Blätter zu zählen. Doch der König Rituparna, der Nala einstellt und dessen Pferdezähmer dieser wird, überschaut den Schicksalsbaum mit einem einzigen Blick.

Da kommen Damayantîs Boten auf der Suche nach Nala durch das Land. Und der König, bei dem Nala lebt, erfährt, daß Damayantî wiederum einen Gatten wählen werde. Und wie er früher für die Götter geworben hat, so muß Nala nun für seinen Freund um Damayantîs Hand anhalten. Wiederum tut er dies in selbstloser Weise. Seine Pferde jagen dahin, um den andern ans Ziel zu bringen. Nala ist ganz selbstlos geworden. Doch sein Ich ist erstarkt. Die Art, wie die Hufe die Erde schlagen, die Eilfertigkeit für seinen Mitmenschen – dies alles stimmt ihn glücklich. Nur Nala vermag die Pferde in dieser selbstlos gelenkten Art rennen zu lassen. So kann Damayantî den Geliebten schließlich gerade an seinem selbstlos gewordenen „Selbstsein" erkennen.

Wenn wir wiedergeboren werden, ist alles verwandelt. Eine andere Gestalt umhüllt unser Selbst. Doch die Liebe, die über den Tod hinausreicht, ist nicht an Körper, Gestalt oder Aussehen gebunden. Eine Seele erkennt die andere an der Art ihres Denkens wieder, an der Art, wie sie die Dinge handhabt, wie sie ihr Leben führt. Und dann, wenn ein solches Wiedererkennen stattfindet, wie es sich zwischen Nala und Damayantî vollzieht, dann erinnert sich die Seele auch der früheren Daseinsgestalt wieder. Und so nimmt Nala in diesem Augenblick wieder seine frühere Gestalt an.

Jeder, der auf diesem Gebiet eigene Erfahrungen gemacht hat, wird erkennen, daß der Erzähler ebenfalls aus eigener Erfahrung spricht.

Denn die Erinnerung früherer Erdenleben unterscheidet sich beträchtlich von der gewöhnlichen Erinnerung. Es gibt kaum etwas im gewöhnlichen Bewußtsein, das geeignet wäre, als Vergleich und Erläuterung für diese Art von Erinnerung zu dienen, die dem normalen uneingeweihten Bewußtsein vollkommen unbekannt ist. Doch eines kann uns hier dennoch weiterhelfen.

Wenn wir in der Erinnerung auf uns selbst zurückschauen, wenn wir uns ins Gedächnis rufen, was wir am verflossenen Tage getan haben, wenn wir uns nach einem harten Arbeitstag am Abend ausruhen, dann können wir feststellen, daß wir uns selbst nicht so erinnern, wie unsere Augen uns sehen, sondern anders. Unsere Erinnerung an uns selbst besteht nicht aus einem Teil unserer Nasen, unserer Wangen und unserer Kleidung ein. Das ist ja u.a., was wir von uns selbst mit eigenen Augen sehen können.

Nein; wir erinnern uns als plastische Gesamtgestalt. Doch damit haben wir ein Bild von uns selbst in der Erinnerung, das niemals durch die Augen hat eintreten können. Wie kommt dieses Bild dann aber zustande? In Wirklichkeit erinnern wir uns unserer Körperwärme, und das in dieser Wärme auflebende Ichgefühl verwandeln wir in ein Bild unserer selbst. Und so ist es auch, wenn frühere Erdenleben erinnert werden. Man lernt, das eigene vergangene Dasein im Feuer der eigenen Blutwärme aufzufinden. Dies ist das Feuer, in welchem die gestaltwandelnde Schlange Naga wohnt. Sie verleiht Nala, ja uns allen das Gewand, von welchem wir Gebrauch machen müssen, wenn wir uns eine frühere Erdengestalt in die Erinnerung heben wollen ...

In Agnis Feuer vereinigt sich der Mensch, dank Nagas Macht, der Macht der wahren Verwandlung, mit seinem ewigen Wesenskern. Im Feuer der Seelenläuterung erlangt er durch den Schlangengott sein ureigenstes Wesen wieder. Herr seiner selbst geworden, da er sich selbst gefunden hat, kann er nun vom Feuerelemente aus, das er als erstes zu beherrschen lernte, auch Herr über die anderen Elemente werden.

Wo immer Nalas Fuß hintritt – die Erde hebt sich ihm entgegen. Und die Wasserkübel füllen sich, wenn er seinen bloßen Blick auf sie richtet. Und der Windgott des Himmels, er strömt ihm seinen Segen zu.

Der Dichter und erste Erzähler der Geschichte von Nala und Damayantî war ein Eingeweihter, der mit geistigen Tatsachen und Erlebnissen wohlvertraut war. Und so ist es kein Wunder, wenn unsere Erzählung bei der Schilderung der Wiedervereinigung der beiden Liebenden Nala erst in seiner neuen Gestalt auftreten läßt – denn es wird eben das spirituelle Wiedererkennen der Liebenden in einem neuen Erdenleben geschildert.

Und weist nicht auch Pushkara, der besiegte Bruder, ganz am Ende der Erzählung auf die Realität künftiger Erdenleben hin, wenn er des Dankes voll ob der Schonung, die ihm widerfahren, ausruft: „Unvergänglich sei dein Ruhm! Lebe glücklich zehn mal tausend Jahre!“[2]

[1] Zitiert nach der Reclamausgabe, Stuttgart 1956 ff., 24. Abenteuer. Übersetzung von Karl Simrock, bearbeitet von Friedrich Neumann.
[2] Zitiert nach der Reclamausgabe, Stuttgart 1965 ff., Übersetzung von Albrecht Wezler.

NACHWORT

Die Absicht zur Veröffentlichung des vorliegenden Buches geht auf das Jahr 1983 zurück. Der Herausgeber behandelte damals an der Basler Waldorfschule im Geschichtsunterricht der zehnten Klasse die altindische Zeit und befaßte sich dabei mit dem Epos von Nala und Damayantî. Eines Tages zeigte ihm eine Kollegin das großformatige Originalbuch mit der von Johanna Unterbeck eigenhändig geschriebenen Geschichte und den farbigen Bildern. Nach der Beschäftigung mit der spirituell-poetischen Seite der Dichtung für den Unterricht ließ der Anblick von Johanna Unterbecks Werk ein spontanes ästhetisches Glücksgefühl in ihm entstehen. Es hat ihn seither, wenn es auch jahrelang nur in erinnerungsmäßiger Form in ihm weiterlebte, nie mehr ganz verlassen können.

Ein glückliches Zusammentreffen sehr verschiedenartiger Umstände hat es nun nach sieben Jahren möglich gemacht, den damals gefaßten Plan der Herausgabe zu verwirklichen. Zu diesen Umständen gehört, daß der Herausgeber auf Marcel Jenni aufmerksam gemacht wurde, der glücklicherweise und zum Nutzen sämtlicher Leser und Betrachter des Buches dafür gewonnen werden konnte, die Leitung der Herstellung wie auch der typographischen und reprotechnischen Arbeiten zu übernehmen. Ohne sein versiertes und erfahrungsreiches Können hätte die

Qualität des Buches leiden müssen, falls der Herausgeber überhaupt den Mut aufgebracht hätte, eine Publikation unter einer anderen Herstellungsregie zu riskieren.

Die für den Hauptteil des Buches gewählte Schrift kommt den von Johanna Unterbeck gemalten Typen der Originalhandschrift sehr nahe. Um die Satz- und Absatzgliederung des Originals beizubehalten, wurden in der zweiten Fassung im Zeilenfall gelegentlich gewisse typographische Regeln mißachtet.

Aus technischen Gründen mußte leider davon abgesehen werden, Bilder wie Text originalgetreu auf grünem Papier zu reproduzieren. Auch auf die originalen, goldfarbene Striche tragenden Rahmen mußte verzichtet werden, da sie nur auf einem grünen Hintergrund eine entsprechende Wirkung erzeugen. Für den bibliophilen Kunstliebhaber wurde – auf grünem Papier größeren Formates – jedoch in kleiner Auflage eine Sonderausgabe von 25 aufgeklebten Bildern mit goldenem Strichrahmen angefertigt. Diese umfaßt, zusätzlich zu den im Buch wiedergegebenen Reproduktionen drei weitere Illustrationen – von Motiven in Doppelausführung.

Walter Johannes Steins Ausführungen zum altindischen Epos haben dem Herausgeber schon während seiner eingangs erwähnten Unterrichtsarbeit gedient. Sie sind im Januar 1938 in der von Stein herausgegebenen Zeitschrift "The Present Age" in englischer Sprache erschienen. Der "Nala and Damayantî" betitelte Beitrag stand unter dem Reihentitel "Outstanding Love Stories in the History of the World". Stein hatte offenbar eine ganze Serie von Artikeln unter diesem Titel geplant; erschienen ist jedoch nur noch eine Betrachtung über die Erzählung von Rama und Sita.

Wie manche andere Arbeit Steins aus den 30er Jahren[1] trägt auch sein im vorliegenden Buch abgedruckter Beitrag den Stempel einer für ihn charakteristischen Arbeitsweise: er erscheint, ideell und erlebnismäßig „aus dem Vollen geschöpft“, in kurzer Zeit ohne nochmalige Durcharbeitung zu Papier gebracht worden zu sein. Daher atmet er noch – besonders im englischen Original – etwas von der Atmosphäre geistreicher Frische, in der er entstanden sein muß. Manche Ideen werden dem Leser daher in einer mehr keimhaften als fertig ausgestalteten Form entgegentreten. Auf dem soliden Erkenntnisuntergrund ruhend, wie W. J. Stein sich ihn jahrzehntelang erarbeitet hatte, können aber selbst seine weniger durchgestalteten Ideen außerordentlich anregend wirken. Sie vermögen den Leser in eine Stimmung der produktiven Betrachtung zu versetzen und ihn zu Eigenuntersuchungen, wenn nicht gar -entdeckungen zu führen. Abgesehen von Christine Krügers grundlegendem Aufsatz im Zusammenhang mit Friedrich Rückerts Reimübertragung[2] stellt Steins Artikel den einzigen uns bekannten ausführlicheren Versuch dar, die Erzählung von Nala und Damayantî von wahrhaft spirituellen Gesichtspunkten aus zu durchleuchten. Aus diesem Grunde wurde er in dieses Buch mitaufgenommen.

W. J. Stein schrieb seine Betrachtung für Leser, welchen die Geschichte von Nala und Damayantî größtenteils gänzlich unbekannt war. Er hatte also die Aufgabe, neben seiner Interpretation der Erzählung auch deren inhaltlichen Hauptmomente zu vermitteln. In der deutschen Übertragung sind nun solche Passagen gelegendlich gekürzt worden, die lediglich den „Stoff" der Geschichte wiedergeben sollen, liegt dieser doch in unserem Buche in zweimaliger Form gewissermaßen offen auf der Hand. Hin und wieder wurden Wiederholungen gestrichen; auch mußte das Ende leicht gekürzt werden. Kurz: Was dem Herausgeber in der Regel als literarischer Greuel erscheint – die Bearbeitung individueller Geistesprodukte und deren Veröffentlichung –, hier schien es ihm ausnahmsweise angebracht. Wie Nala selbst, so hat im Laufe der Übersetzung also auch die Steinsche Betrachtung – wenn auch in erheblich geringerem Maße! – die Gestalt verändert. Doch wie das Wesen des Nishaderfürsten in aller Wandlung dasselbe geblieben ist, so dürften sich auch W. J. Steins Gedanken auf dem Weg in das deutsche Sprachgewand im wesentlichen unverändert erhalten haben ...

Doch werfen wir zum Schluß einen Blick auf diejenige Persönlichkeit, ohne deren Wirken dieses Buch nicht existieren würde : Johanna Unterbeck.

Die Künstlerin wurde am 14. März 1926 in Leipzig geboren. Schon im Kindesalter zeigten sich ihre vielseitigen künstlerischen Begabungen. Mit fünfzehn Jahren trat sie in die Bildhauerklasse der Leipziger Kunstgewerbeschule ein, konnte die Ausbildung jedoch infolge der bald eintretenden Kriegswirren nicht abschließen. Gegen Ende des Krieges flüchtete sie in den Westen Deutschlands, wo sie in den ersten Nachkriegsjahren unter widrigen und bedrückenden Umständen zu leben hatte. Nach ihrer Heirat zu Beginn der 50er Jahre stellte sie den größten Teil ihrer Kräfte in den Dienst der Familie. Trotz der Beanspruchung durch zwei Kinder gelang es ihr, auch in den folgenden Jahren künstlerisch tätig zu bleiben. So schrieb sie eine Anzahl von Märchen, Gedichten, Erzählungen oder gestaltete von ihr selbst illustrierte Bücher.

Schon seit früherer Jugendzeit fühlte sich die Künstlerin dem orientalischen Geistesleben zugeneigt und hegte den Wunsch, die indischen Epen "Savitri" und "Nala und Damayantî" in harmonisch-schöner Art in Wort und Bild zu gestalten. Etwa um die Lebensmitte herum begann sie, diese Absicht in die Tat umzusetzen. Nachdem sie sich schon jahrelang mit den genannten Erzählungen befaßt hatte, ging sie nun allen erdenklichen Einzelheiten nach: Sie verglich die verschiedenen, bereits existierenden Übertragungen, von denen hier nur Friedrich Rückerts Fassung sowie die schöne Prosaübersetzung von Hermann Camillo Kellner genannt seien, die sie besonders schätzte. Dann studierte sie beispielsweise den Ashokabaum, befaßte sich eingehend mit außen- und innenarchitektonischen Details altindischer Bauten und ging etwa bei der Kücheneinrichtung im besonderen der Frage nach dem Herdbau nach. Sie besuchte Museen in verschiedenen Großstädten und suchte nach vergriffenen Büchern, um für Illustrationsarbeit wie Textfassung eine möglichst breite und exakte Grundlage zu schaffen. Aus genauester Kenntnis der bereits existierenden Übersetzungen gestaltete sie dann schließlich ihre eigene neue und vollständige Fassung in rhythmischer Prosa. So wurde nach jahrzehntelanger, von intensiver Beschäftigung mit dem östlichen Geistesleben begleiteter Vorarbeit das vorliegende Werk vollendet, das als eigentliches Lebenswerk von Johanna Unterbeck bezeichnet werden muß.

Diese Angaben zu Person und Werk der Künstlerin fußen auf Mitteilungen von Elisabeth Wannert. Selbst als lehrende Malerin tätig, ist sie nicht nur eines der zwei „Kinder“ Johanna Unterbecks, sondern außerdem auch mit der eingangs erwähnten Kollegin identisch, welche dem Herausgeber das Werk ihrer Mutter um die Zeit von deren Ableben herum – sie starb am 10. Januar 1983 – zum ersten Mal gezeigt hatte. Auch ihr sei an dieser Stelle für die Erteilung der Publikationserlaubnis sowie für ihre Stilisierung der Initiale für die Leinenprägung des Buches ganz herzlich gedankt.

Nach der Lektüre der ersten Übersetzung unseres Epos im Jahre 1821 machte Johann Wolfgang von Goethe in seinen "Tages- und Jahresheften" die folgende Eintragung: „Auch Nala studierte ich mit Bewunderung und bedauerte nur, daß bei uns Empfindungen, Sitten und Denkweise so verschieden von jener östlichen Nation sich ausgebildet haben, daß ein so bedeutendes Werk unter uns nur wenige, vielleicht nur Leser vom Fache, sich gewinnen möchte.“

Inzwischen hat sich im Verhältnis und im gegenseitigen Verständnis von Ost und West manche Öffnung aufgetan. Und so dürfte der Fürst von Weimar für einmal nicht recht behalten haben. Und wenn das Epos von Nala und Damayantî schon dank der bisherigen Fassungen einige Bekanntheit erlangt hat – in der einzigartigen Gestaltung durch Johanna Unterbeck dürfte das so „bedeutende Werk“ noch viele neue Leser hinzugewinnen – und nicht nur solche „vom Fache“. Ihnen allen sinnendesinnige Stunden!

Basel im September 1990 T. H. Meyer

[1] Zum Lebensgang W. J. Steins siehe: Johannes Tautz, "Walter Johannes Stein – eine Biographie", Dornach 1989.

[2] Christine Krüger, "Nal und Damayantî – Initiationsweg und Menschheitsevolution. Friedrich Rückerts Neugestaltung eines altindischen Mythos." In: "Das Goetheanum", Nr. 27, 1988

Der Verlag dankt
für
die qualifizierte und engagierte Mitarbeit
von:

Emanuel Bürgin,
André Brodmann, Guido Brunner,
Nathalie Cerri, Luc Delay,
Giovanni De Luca, Guy Grossheny,
Martin Haberthür,
Brigitta Jenny, Peter Jogmins,
Markus Lienhard,
Beat Sinzig, Marcel Strub,
Frank Sütterlin,
Ruedi Vögtli und Wolfgang Weigandt.

Typographie und Reprotechnik: Marcel Jenni, Basel

Fotolithos: Steiner AG, Basel
Druck: Kirschgarten-Druckerei AG, Basel
Buchbinderei: Grollimund AG, Reinach
Printed in Switzerland
ISBN 3-907564-05-7